Jürgen Hesse und Hans Christian Schrader sind erfahrene Psychologen und ausgewiesene Kenner der Bewerbungsszene. Sie liefern Hochschulabsolventen (mit und ohne Abschluß) speziell abgestimmte umfassende Informationen, Anleitungen und Fehlervermeidungsstrategien.
Ein unentbehrliches Handbuch für jeden, der den Sprung von der Hochschule ins Berufsleben wagt – denn Personalchefs entscheiden oft anders als Professoren.

Jürgen Hesse, 1951 in Berlin geboren; Studium der Psychologie an der FU Berlin; Diplom-Psychologe im Büro für Berufsstrategie; Geschäftsführer der Telefonseelsorge Berlin.
Hans Christian Schrader, 1952 in Berlin geboren; Studium der Psychologie an der FU Berlin; Diplom-Psychologe am Krankenhaus am Urban in Berlin.

Jürgen Hesse
Hans Christian Schrader

Bewerbungsstrategien für Hochschulabsolventen mit und ohne Abschluß

Fischer Taschenbuch Verlag

Ungekürzte Ausgabe
Veröffentlicht im Fischer Taschenbuch Verlag GmbH,
Frankfurt am Main, Juni 1994

Lizenzausgabe mit freundlicher Genehmigung der
Vito von Eichborn GmbH & Co. Verlag KG, Frankfurt am Main

Umschlaggestaltung: Buchholz/Hinsch/Hensinger
Druck und Bindung: Clausen & Bosse, Leck
Printed in Germany
ISBN 3-596-12368-2

Gedruckt auf chlor- und säurefreiem Papier

Das ganze Leben ist ein Quiz und wir sind nur die Kandidaten.

Hape Kerkeling

INHALTSVERZEICHNIS

FAST-READER

Orientierung für eilige Leser

Dieses Buch bietet das aktuelle Spezialwissen für Ihre Bewerbungsstrategie als Hochschulabsolvent.

Arbeitsplatzsuche bedeutet Schwerstarbeit. Dieses Buch hilft und verdeutlicht, worauf es wirklich ankommt – bei Bewerbungsplanung, Bewerbungsanschreiben, Lebenslauf und Vorstellungsgespräch.

* Tips, Tricks und Tretminen – die häufigsten Fehler und wie Sie diese vermeiden (S. 167)

* Ausgangsposition und Vorbereitung – wissen, worauf es ankommt (S. 8, 15)

* Wie stellen Sie es an, daß Sie eingestellt werden? (S. 8)

* Bewerbungsschreiben – die Kunst, sich zu »vermarkten« (S. 43)

* Einsteigen ohne einzubrechen – von Trainees und anderen Chancen (S. 30)

* Alle Fragen, die Ihnen Personalchefs im Vorstellungsgespräch stellen können, und wie Sie am besten darauf antworten (S. 105)

* Wie bringen Sie den Personalchef zu der Überzeugung, daß Sie die/der Richtige sind? (S. 126)

* Was antworten Sie auf unangenehme Fragen, wie z.B.: Sie haben zu wenig Praxis / sind zu jung / zu unerfahren (S. 146)

* Wann dürfen Sie ungestraft lügen und warum? (S. 152)

* Das kleine Schauspieler-ABC für den idealen Bewerber (S. 33)

* Was sind unheimliche Begegnungen der 3. Art – wie z.B. Assessment Center – und wie können Sie sich davor schützen? Testfrage: Welcher Tag war vorgestern, wenn der Tag nach übermorgen zwei Tage vor Samstag liegt? (S. 74)

* Was Goethe, Schalck-Golodkowski, Hape Kerkeling, Mao und Eberhard Diepgen dem Bewerber in seiner schwierigen Situation raten, finden Sie genauso in diesem Buch wie Woody Allens Meinung: Ich möchte nicht bei einer Firma arbeiten, wo Leute wie ich eingestellt werden. Spaß beiseite – das Thema ist ernst, aber auch Bertolt Brecht empfahl schon Lachen und Lernen miteinander zu verbinden, wenn es der Sache dient.

● *Entschuldigen Sie, Herr Hesse, Herr Schrader, wenn wir uns hier einmischen. Aber vielleicht haben Sie ja nur vergessen, uns vorzustellen. Gestatten Sie, mein Name ist Mühsam, und das ist Frau Voss.*

● *Vielen Dank, Herr Mühsam. Wegen meiner jahrelangen Berufserfahrung lautet meine Botschaft an die lieben Leser: Alles leichter gesagt als getan.*

– Nun, das soll uns hier reichen, an dieser Stelle, Frau Voss und Herr Mühsam. Haben Sie recht vielen Dank.

Liebe Leserin, lieber Leser, wir bitten um Nachsicht, wir werden auf den reichen Erfahrungsschatz von Frau Voss und Herrn Mühsam bestimmt noch zurückgreifen und sie an geeigneter Stelle zu Wort kommen lassen – bloß jetzt nicht ...

● *Versprochen?*

– Aber selbstverständlich, versprochen.

Und noch etwas: Machen Sie doch mit bei der Verleihung der goldenen Daumenschrauben für rüden Umgang mit Bewerbern in diesem unserem Lande. Zweckdienliche Hinweise nimmt jeder Briefkasten entgegen (s.S. 170).

AUSGANGSPOSITIONEN

Wie stellen Sie es an, eingestellt zu werden?

SIE

Im neuen Deutschland stehen etwa 300 000 Fach- bzw. Hochschulabsolventen Jahr für Jahr vor dem Problem, eine angemessene, individuelle, vor allem aber erfolgreiche Bewerbungsstrategie für sich zu entwickeln. Alle wollen den Einstieg in den Berufsalltag natürlich möglichst problemlos schaffen. Die meisten jedoch tun sich damit sehr schwer.

Wie ist **Ihre** derzeitige Situation im Hinblick auf eine Bewerbung, d.h. den Statuswechsel vom Studenten zum Arbeitnehmer?

Lesen Sie dieses Buch als zukunftsorienter Frühplaner bereits kurz nach dem Vordiplom (o.ä.)? Oder haben Sie eine Reihe von Bewerbungserfahrungen bereits hinter sich und Ihr Examen schon vor etwa einem Jahr erfolgreich abgeschlossen?

Möglicherweise haben Sie in Frankfurt an der Oder studiert und möchten in Frankfurt am Main Ihren ersten Arbeitsplatz finden – oder umgekehrt. Auch in derartigen Situationen wird Ihnen unser Buch weiterhelfen.

Sind Sie ein von der Industrie gesuchter Hochschulabsolvent mit technischem Studiengang? Oder ein vielleicht eher kritisch beäugter Gesellschaftswissenschaftler, bei dem die meisten Arbeitgeber nicht so genau wissen, auf welcher Position man Sie einsetzen könnte?

Vielleicht sind Sie ja auch mitten im Prüfungsstreß und fragen sich: »Wozu das ganze?« – und wie wohl Ihre beruflichen Einstiegschancen aussehen.

Selbst wenn Sie vorhaben, Ihr Studium abzubrechen oder es bereits ohne Abschluß beendet haben, können Sie für sich in diesem Buch interessante Informationen finden. Denn früher oder später stellt sich für Sie die Frage: Was kommt nach der Uni, wie schaffe ich den Einstieg in das Berufsleben? Je früher Sie sich darüber Gedanken machen, desto besser sind Ihre Möglichkeiten. Ihre Chance besteht darin, durch rechtzeitige Planung und gezielte Kontakte die Weichen für den Berufseinstieg günstig zu stellen.

Jedoch ist es für eine gute Planung Ihrer persönlichen Bewerbungsstrategie nie wirklich zu spät. Sie sind auf dem richtigen Weg, wenn Sie sich jetzt (z.B. nach Ihrem Studienabschluß) ganz gezielt Gedanken darüber machen, wie Sie Ihren Berufseinstieg vorbereiten.

Diese intensive Auseinandersetzung mit dem Thema Bewerbung bleibt eigentlich keinem Hochschulabsolventen erspart. Es geht darum, die Schwellensituation Berufsstart in ihrem krisenhaften Herausforderungscharakter aktiv zu bewältigen.

● *Ich kann dieses Psycho-Soziologen-Kauderwelsch einfach nicht mehr hören, Frau Voss. Kommen Sie doch endlich zur Sache, meine Herren!*

– Geduld, Herr Mühsam, noch etwas Geduld.

WIR

Anregungen für dieses Buch gab die Erkenntnis, mit wie vielen Problemen die Bewerbung, der Eintritt ins Berufsleben verbunden ist, und der konkrete Hinweis eines Berliner Buchhändlers. Er hatte in beratenden Verkaufsgesprächen immer wieder die partielle Hilf- und Orientierungslosigkeit von Hochschulabsolventen in der Bewerbungsphase bemerkt.

Unser Buch will als Spezial-Bewerbungs-Ratgeber einen neuen Standard setzen, und so sind wir Ihnen, liebe Leserin, lieber Leser, dankbar für jeden Hinweis und Kommentar, jede Anregung und Kritik. Wir freuen uns, wenn Sie uns schreiben und uns Ihre Erfahrung und Einschätzung mitteilen (Anschrift: vorn S. 2).

Vier Hauptkapitel und Themenbereiche stehen im Mittelpunkt:

Da geht es zunächst einmal um eine ausführliche **Bestandsaufnahme**, d.h. die Analyse Ihrer individuellen Ausgangsposition und Zielsetzung. Weiter geht es mit dem konkreten Wissen um die verschiedenen Wege und Formen der Kontaktaufnahme in der **Bewerbungssituation**. Sollten Sie durch Ihren potentiellen Arbeitgeber mit einer **testgesteuerten Personalauslese** konfrontiert werden, wird Sie besonders dieses Kapitel interessieren. An einem **Vorstellungsgespräch** führt kein Weg vorbei, und in diesem Buch lernen Sie alle potentiellen Fragen und deren Hintergrund kennen.

WIEDER SIE

Ohne Kontaktaufnahme kein Bewerbungsverfahren, und ohne persönliches Vorstellungsgespräch keine Entscheidung für den Kandidaten. Natürlich mag es Unterschiede geben im Auswahlverfahren, wie auch im Umgang mit Bewerbern bei multinationalen Konzernen bzw. einer kleinen Firma von lediglich lokaler Bedeutung. Aber ob Physiker oder Theologe, Ingenieur oder Mediziner, ob Betriebswirtschaftler oder Germanist – die Gemeinsamkeiten im Ablauf einer Bewerbung überwiegen eindeutig. Die graduellen Unterschiede und der branchenbedingte Umgangsstil variieren, der Verfahrenshintergrund jedoch ist immer wieder der gleiche.

Dabei ist es offenbar eher von zu vernachlässigender Relevanz, ob Sie von der Goethe-Universität Frankfurt oder der FU Berlin kommen, ob Sie in Bayreuth oder in Bremen studiert haben (vgl. S. 33).

Mag auch bei jedem einzelnen etwas Spezifisches hinzukommen: z.B. die West-Ost-Thematik, die geschlechtsspezifische Variante, mehr oder weniger gute Examensnoten, kurze oder lange Studiendauer, noch relativ jung oder schon etwas älter – die Herausforderung, die Anforderungen und damit die Basisprobleme sind nahezu gleich:

Die Bewerbung ist immer auch eine klassische Prüfungssituation, mit Chancen und Risiken.

Wer will leugnen, daß in der Regel bereits die Situation vor einer Bewerbung, ganz sicher aber der eigentliche Bewerbungsvorgang durch Streß gekennzeichnet ist. Bewerbungssituationen sind Prüfungen und können somit alle typischen Angstsymptome einer Prüfungssituation auslösen.

In jeder Prüfung stecken Chance und Risiko zugleich: Bestätigung oder Abweisung. Das besondere Charakteristikum dieser Prüfungssituation ›Bewerbung‹ liegt aber darin, daß die Chance, abgewiesen zu werden, deutlich höher ist als z.B. bei der Prüfungssituation ›Hochschulabschluß‹, in der doch die meisten eine Bestätigung erfahren dürften.

Dafür ist die potentielle Anzahl der Versuche, die man bei Bewerbungsprüfungen hat, ungleich höher. Dies gilt natürlich nicht, wenn die Zahl der Arbeitslosen extrem groß und die der Arbeitsplatzangebote sehr gering ist.

Nun birgt leider jede nicht bestandene Prüfung die Gefahr einer Kränkung des Selbstwertgefühls in sich. Berücksichtigt man jedoch, daß die Chance, bei einer Vielzahl von Bewerbern einen bestimmten Arbeitsplatz zu »erobern«, entsprechend geringer ist (z.B. nur einer von 10 kann letzlich erfolgreich sein), muß man notwendigerweise lernen, mit einer möglichen Kränkung anders, d.h. besser klarzukommen.

So gesehen befinden Sie sich in der Bewerbungssituation eigentlich auf vertrautem Terrain – Prüfungen und Prüfungsvorbereitungen kennen Sie zur Genüge. Und geprüft wird immer, inwieweit Sie sich an ein vorgegebenes Ritual formal und inhaltlich anpassen können, sowie die Fähigkeit, bei den Prüfern und Auswählern Sympathie zu mobilisieren. Ob medizinisches oder juristisches Staatsexamen, Magister- oder Hauptdiplomprüfung – die Bewerbungs- und Personalausleseprozeduren gleichen sich stärker, als es auf den ersten Blick erscheint.

EINSTELLUNGSSACHE

Die richtige Einstellung zur Einstellung

Wie sieht es denn mit Ihrer Einstellung aus? Das ist durchaus bewußt doppeldeutig formuliert.

Wer wirklich überzeugt ist, daß er/sie dies oder jenes erreichen bzw. bekommen kann, ist dem Ziel ganz sicher schon ein Stückchen näher. Und ein Ziel sollte man/frau schon haben.

Worum geht es? Es bedarf einer geistigen (neudeutsch: mentalen) Einstimmung und Vorbereitung. Man kann dann auch im weiteren Verlauf von Einstellung sprechen, um so gefestigt im Glauben an sein Ziel dieses auch wirklich zu erreichen.

Paradebeispiel: Tennisstar Boris Becker, dessen häufiger Ausspruch über die »mentale« Vorbereitung diesen Begriff sprichwörtlich populär, ja fast schon zu einem geflügelten Wort hat werden lassen. Dabei handelt es sich um nichts anderes als den festen Willen und Glauben an den Erfolg, der neben dem sportlichen und rein physischen Training als sogenanntes Psycho-Training fast genauso wichtig, möglicherweise sogar spielentscheidend geworden ist.

Aber nicht nur im Sport weiß man die Nützlichkeit dieser »Psychotechnik« zu schätzen. In der Medizin gewinnt sie täglich an Bedeutung. Mentales Training wird in der sich immer mehr verbreitenden Kenntnis der Zusammenhänge zwischen Seele und Körper (Psychosomatik) gezielt eingesetzt, um Behandlungserfolge und damit Gesundungsprozesse abzusichern, ja bisweilen sogar erst zu ermöglichen.

Zurück zu unserem Thema: Die mentale Vorbereitung, Ihre Einstellung zu dem Vorhaben ›Berufseinstieg‹, und damit Ihre Einstellung zur Einstellung, sind von grundlegender Bedeutung.

Wieso? Nun, einmal angenommen, ein Bewerber geht voller Zweifel darüber, ob er/sie wirklich den angebotenen Arbeitsplatz haben möchte oder gar mit großen Zweifeln über die eigene Kompetenz, zum Vorstellungsgespräch.

Die Wahrscheinlichkeit, daß man dem Bewerber diesen Arbeitsplatz anbietet, ist sehr gering. Seine nicht wirklich vorhandene Motivation und seine Mißerfolgserwartung werden sich auf die eine oder andere Art zeigen und dem Arbeitsplatzanbieter auffallen. Logisch, daß dieser sich dann für einen anderen Bewerber entscheidet.

Falsch wäre jedoch der Umkehrschluß, der Bewerber bekäme den Arbeitsplatz allein schon deshalb, weil er nur ganz fest daran glaubt, genau der Richtige zu sein und die maximale Kompetenz mitzubringen. Womöglich erklärt unser Beispiel-Bewerber gleich zu Anfang des Vorstellungsgespräches seinem Gegenüber, daß es keinen Zweifel daran geben kann, daß er der einzig richtige Kandidat ist. Natürlich ist auch dies ein relativ sicherer Weg, sich alle Chancen auf einen Arbeitsplatz zu verbauen.

Und trotzdem: Sie als Bewerber müssen schon von sich, von Ihren Qualitäten und Qualifikationsmerkmalen überzeugt sein. Wer denn zunächst sonst, wenn nicht Sie?

Ihre Mitmenschen spielen dabei natürlich auch eine nicht zu unterschätzende Rolle. Glaubt man an Sie, an Ihre Fähigkeiten, oder wird Ihnen vermittelt – direkt, offen oder versteckt angedeutet –, Sie seien ein Pechvogel, Tunichtgut, ein Versager (oder ähnliches in leichterer bzw. schwererer Form)?

Eine Bewerbung ist immer auch ein gutes Stück Überzeugungsarbeit. Wer überzeugen will, braucht Kraft – nämlich Überzeugungskraft ...

● *Schon gut, schon gut, hören Sie auf ... Sie haben mich überzeugt, wo muß ich unterschreiben? Das Buch ist gekauft!*

– Also bitte, Herr Mühsam!

... Diese muß man zunächst aus sich selbst schöpfen können (dazu muß sie erstmal vorhanden sein). Es bedarf aber auch einer gewissen Unterstützung durch die Umwelt.

Wer als Kind ständig gesagt bekommt: »Laß das, Finger weg, das kannst Du nicht, Du bist ein Tollpatsch, Dummkopf« usw., wird später auf seinem »Selbstvertrauens-(Bank)-Konto« eher ein Minus, also ein deutliches Defizit haben und sich schwer tun, wenn er/sie darauf zurückgreifen will oder es vielleicht nur kurzfristig »überziehen« möchte.

Anders in dem Fall, wo glückliche Umstände und/oder Personen im rechten Augenblick und Maß dem Kind wiederholt signalisieren: Das schaffst Du schon, auch wenn es schwierig ist, wir glauben an Dich, Du bist o.k., nur weiter so ... Hier wird ein gut gefülltes »Selbstvertrauens-(Bank)-Konto« im Erwachsenenleben (und damit auch bei beruflichen Dingen) zur Verfügung stehen, auf das man zurückgreifen und das man getrost auch in Maßen überziehen kann.

Mit diesen Anregungen liebe Leserin, lieber Leser, möchten wir Ihnen einen Augenblick des »Insichkehrens« empfehlen. Wir wünschen Ihnen für diese Vorüberlegungsphase eine gute und konstruktive Auseinandersetzung mit sich selbst, aber auch mit den Ihnen sehr nahestehenden Menschen in Ihrer unmittelbaren Umgebung. Nehmen Sie sich diese Zeit, und seien Sie geduldig, sowohl mit sich, als auch mit Ihrer Umwelt. Eine intensive Auseinandersetzung mit Ihrer inneren Einstellung zu der vor Ihnen liegenden Aufgabe ›Arbeitsplatzsuche‹ wird Ihnen sehr bei diesem wichtigen Vorhaben helfen. Dies gilt übrigens generell für alle wichtigen Unternehmungen in unserem Leben.

- *Bleiben Sie im Diesseits, meine Herren Autoren, was soll dieser pastorale Ton . . . ?*

VORBEREITUNG

Was können Sie, was wollen Sie, was ist möglich?

Worauf kommt es jetzt an? Auf Ihre gute Vorbereitung. Sie haben sich Ihre Ausgangsposition angeschaut, sich mit Ihrer mentalen Einstellung zur Thematik beschäftigt. Jetzt geht es noch einen Schritt näher an die bevorstehende Bewerbungssituation heran.

Um eine Prüfung gut zu überstehen, sollte man vorher immer so umfassend wie möglich wissen, was auf einen zukommt. Das gilt ganz besonders für die Prüfungssituation ›Bewerbung‹. Dieses Buch wird Ihnen helfen, sich mit den wichtigsten Grundregeln für die Bewerbungssituation vertraut zu machen.

Grundregel Nummer 1 ist also die gezielte und gute Vorbereitung auf Ihre spezielle Bewerbung. Was bedeutet das? Verdeutlichen Sie sich, daß jeder Schritt (hier bietet sich der Vergleich mit einer Leiter an), jede Aktivität in der Bewerbungssituation auch immer eine Art Arbeitsprobe ist.

Das kann man schon an kleinen Details im Bewerbungsschreiben und im Vorstellungsgespräch erkennen: Ein Anschreiben mit der Anrede »Sehr geehrte Damen und Herren«, obwohl der Ansprechpartner namentlich in der Stellenanzeige benannt wurde, macht sicherlich die Bewerbung nicht total aussichtslos, ist aber ein vermeidbarer (Aufmerksamkeits-)Fehler. Natürlich gibt es noch viel schlimmeres.

Wenn Ihnen im Vorstellungsgespräch z.B. bei der Firma *Dr. Oetker* auf die Frage »Kennen Sie unsere Produktpalette?« nur mit Mühe »Puddingpulver« und sonst nichts einfällt, geben Sie bezüglich der hier versteckten Arbeitsprobe (Vorbereitung, Wissen, Motivation?) ein denkbar ungünstiges Bild ab. Man wird also den Eindruck gewinnen, daß Ihre Vorbereitung auf das spezifische Vorstellungsgespräch bei *Dr. Oetker* und damit Ihre Arbeitseinstellung bzw. -haltung stark zu wünschen übrig läßt. In der Konsequenz: Man entscheidet sich für einen anderen Bewerber.

Nun waren dies nur zwei kleine Beispiele, um zu verdeutlichen, worum es (uns) geht.

Zunächst aber sollte eine elementare Bestandsaufnahme auf Ihrem Vorbereitungsprogramm stehen:

GRUNDSÄTZLICHE ÜBERLEGUNGEN

An dieser Stelle angekommen, ist es höchste Zeit für eine persönliche Standortbestimmung:

* Welche Ausbildungs- und ggf. Berufserfahrungen liegen hinter Ihnen?
* Wie schätzen Sie sich und Ihre Fähigkeiten ein?
* Wie sieht die aktuelle Situation aus, mit der Sie sich auseinandersetzen müssen?
* Welche Erwartungen an Ihre berufliche und private Zukunft haben Sie?

Was immer Ihre persönliche Standortbestimmung ergibt, Sie kommen an den folgenden drei elementaren Fragen nicht vorbei:

WAS KANN ICH, WAS WILL ICH, WAS IST MÖGLICH?

Bevor wir uns mit allen drei Fragen befassen und der Schwierigkeit, sie in einen wie auch immer gearteten weitgehenden Einklang zu bringen, wenden wir uns ihnen zunächst einzeln zu.

Wetten, daß es Ihnen nicht auf Anhieb gelingt, eine viertel Stunde frei darüber zu sprechen, was Sie alles können?

Das ist nicht weiter verwunderlich, so geht es ohne Vorbereitung 99,9% aller Bewerber. Sie aber werden nun bald zu den 0,1% gehören, die dies können. Hier eine kleine Anleitung (am besten, Sie machen dies zunächst einmal schriftlich, bevor Sie dazu einen freien Kurzvortrag einüben).

WAS KANN ICH?

Grob zu unterscheiden sind berufliche und außerberufliche Fähig- bzw. Fertigkeiten. Manchmal gibt es dabei auch Überschneidungen.

Wie kommen Sie diesen Dingen auf die Spur? Wo anfangen, und vor allem: Worauf kommt es an? Auch hier geht es natürlich vor allem um Ihren persönlichen Standort, um Ihre Ausgangsposition.

Einige Beispiele:
- In welchen Schul- und vor allem Studienfächern waren Sie gut bzw. an welchen hatten Sie ein starkes Interesse?
- Welche handwerklichen, technischen oder künstlerischen (musischen) Fähigkeiten haben Sie?
- Verfügen Sie über besondere Fähigkeiten im Umgang mit Menschen und/oder haben Sie organisatorisches Geschick (vielleicht hat man Sie zum Kassenwart Ihres Vereins gemacht, weil viele Menschen Ihnen vertrauen und Sie Geschick im Umgang mit den Vereinsfinanzen bewiesen haben – studiert haben Sie aber etwas ganz anderes – z.B. Maschinenbau).
- Haben Sie Hobbys oder ausgeprägte (außeruniversitäre) Interessen, bei denen Ihre besonderen Fähigkeiten deutlich werden (z.B. Schachspielen = logisch-analytisches Denken oder Angeln = Geduld, Ausdauer, Gelassenheit; es könnte aber auch der erfolgreiche Mannschaftssport sein, der für Ihren Teamgeist spricht)?

Systematischer kann man ein Profil der eigenen Fähigkeiten so aufstellen:
1. Persönliche Eigenschaften und Merkmale
2. Ausbildungs- und berufliche Qualifikationsmerkmale
3. Außerberufliche (Freizeit-)Fähigkeiten

Zu 1 (Persönlichkeit):
Unter der Fragestellung »Was kann ich?« (aber auch: »Was nicht?«) sollten Sie zu Ihren persönlichen Eigenschaften und Merkmalen folgende Fragen ausführlich klären:

- Was sind Ihre wichtigsten persönlichen Stärken (im Sinne von positiven Wesens- und Charaktermerkmalen)?
- Und nun zum Gegenteil: Was sind Ihre größten Schwächen?

Zu 2 (Ausbildung/Beruf):
- Wo glauben Sie, liegen – aufgrund Ihrer Ausbildung – Ihre wichtigsten beruflichen Fähigkeiten?

– Auf welchen beruflichen Gebieten vermuten Sie zunächst Defizite?

Zu 3 (Freizeit):
– Durch welche besonderen Aktivitäten und/oder Fähigkeiten zeichnen Sie sich in Ihrer Freizeit aus?
– Auf welchen Gebieten wünschen Sie sich mehr Fähigkeiten oder ein stärkeres Engagement?

Nach der (am besten schriftlichen) Bearbeitung dieser Hauptfragen sollen Ihnen die folgenden Checklisten helfen, die drei Schwerpunktbereiche Ihrer persönlichen Standortbestimmung detaillierter zu erfassen:

1. Persönlichkeit
Leistungsbereitschaft
Lernbereitschaft
Auffassungsvermögen
Aufgeschlossenheit
Selbstdisziplin
Belastbarkeit
Ausdauer/Geduld
Pflichtbewußtsein
Verantwortungsbewußtsein
Zuverlässigkeit
Ehrlichkeit/Loyalität
Vertrauenswürdigkeit
Begeisterungsfähigkeit
Zielstrebigkeit
Organisationsvermögen
Eigeninitiative
Entscheidungsfähigkeit
Spontaneität
Risikobereitschaft

Selbstsicherheit
Selbständigkeit
Durchsetzungsvermögen
Überzeugungskraft
Kreativität

Kontaktfähigkeit
Anpassungsfähigkeit
Teamfähigkeit
Kommunikationsfähigkeit
Kompromißbereitschaft
Toleranzfähigkeit
Zuhör-Fähigkeit
Kritikbereitschaft

Äußere Erscheinung
Auftreten/Umgangsformen
Sprachliches Ausdrucksvermögen

2. Ausbildung/Beruf
Ausbildung
Spezialkenntnisse, -fertigkeiten
ggf.:
Berufserfahrung
Bisherige berufliche Aufgabengebiete
Berufliche Kenntnisse/Fähigkeiten/Interessen
Berufliche Weiterbildungsmaßnahmen
(von der Fachliteratur über Lehrgänge
bis hin zu Kongressen)
Besondere berufliche Projekte/Erfolge

3. Außerberufliche Aktivitäten/Freizeit
Handwerkliche Fähigkeiten
Technisches Verständnis
Künstlerisch-musische Fähigkeiten
Pädagogische Fähigkeiten
Sprachkenntnisse
Soziale Kompetenz
Soziales Engagement
Politisches Engagement
Sportliche Fähigkeiten

Spezielle Kenntnisse/Fertigkeiten (z.B. Führer-, Segel-, Flugschein u.ä., PC-, EDV-, Schreibmaschinen-kenntnisse)

Hobbys/Interessen

(siehe dazu auch das Kapitel Vorstellungsgespräch, S. 98)

WAS WILL ICH?

Diese Frage scheint spontan leichter beantwortbar zu sein als die Frage nach unseren Fähigkeiten (Wer lobt sich schon gerne selbst . . .). Aber je länger Sie sich mit der Frage konfrontieren, was Ihre eigentlichen Ziele sind, desto verschwommener, ja sogar widersprüchlicher wird das Bild, das Sie entwerfen.

Auch hier ist es unbedingt notwendig, sich dieser Frage mit Papier, Bleistift und genügend Zeit intensiv zu widmen.

Vorstellbar ist aber auch eine existenzielle Notsituation, die diese Frage luxuriös erscheinen läßt und nur die Kurzantwort provoziert: »Arbeit und damit Geld, um zu leben«.

Trotz Notlage und berechtigten Sorgen ist eine intensive Auseinandersetzung mit den persönlichen Zielvorstellungen sinnvoll. Die resignativ-depressive Haltung »Ich nehme jeden Job an«, verbessert nicht die beruflichen Zukunftsaussichten, so subjektiv verständlich sie auf den ersten Blick auch erscheinen mag (siehe dazu das Kapitel »Die richtige Einstellung zur Einstellung«).

Bei der Frage »Was will ich?« sind – ebenfalls mit Überschneidungsmöglichkeiten – private und berufliche Ziele zu unterscheiden.

Dazu folgende Fragen, die Ihnen bei der Zielfindung behilflich sein sollen:

Zur persönlichen Situation:

- Was haben Sie bisher in Ihrem Leben erreicht?
- Was haben Sie bisher trotz Vorsätzen nicht erreicht und warum?
- Was mißfällt Ihnen an Ihrer jetzigen persönlichen Situation?
- Was möchten Sie an Ihrer jetzigen persönlichen Situation am schnellsten ändern, und was kann noch warten?
- Wie sieht Ihre Partner- bzw. familiäre Situation aus, und gibt es da größere Probleme?
- Wer fördert bzw. behindert Sie in Ihrer persönlichen Entwicklung?
- Welchen Einfluß auf Ihre persönlichen Zielvorstellungen und Entscheidungen haben Ihr(e) Partner(in), Ihre Kinder, Freunde und andere Bezugspersonen?

- Welche Ihrer persönlichen Eigenschaften und Fähigkeiten sind für Ihre Mitmenschen besonders wertvoll bzw. wichtig?
- Welchen Einfluß hat Ihre angestrebte Berufstätigkeit vermutlich auf Ihr Privatleben und umgekehrt: Welchen Einfluß hat Ihr Privatleben auf Ihren zukünftigen Beruf?
- Welche persönlichen Gründe sprechen gegen eine Tätigkeit in einem studienfremden Beruf?
- Welche persönlichen Gründe sprechen gegen einen Ortswechsel?
- Welche persönlichen Schwierigkeiten sehen Sie in der Zukunft für sich?
- Sind Sie sich über die Veränderungen im klaren, die der Statuswechsel Hochschule/Beruf für Sie persönlich und für Ihr Lebensumfeld bedeutet?

Zur Ausbildungs- und beruflichen Situation:
- Was haben Sie bisher beruflich/ausbildungsmäßig erreicht?
- Was haben Sie bisher trotz Vorsätzen beruflich/ausbildungsmäßig nicht erreicht und warum?
- Was läßt bei Ihnen, sowohl generell als auch konkret, berufliche Zufriedenheit bzw. Unzufriedenheit entstehen?
- Was mißfällt Ihnen an Ihrer jetzigen bzw. zukünftigen beruflichen Situation?
- Was möchten Sie an Ihrer jetzigen bzw. zukünftigen beruflichen Situation am schnellsten ändern, und was kann noch warten?
- Welche Ihrer beruflichen Kenntnisse und Fähigkeiten sind für Ihren zukünftigen Arbeitgeber und Ihre Kollegen besonders wertvoll bzw. wichtig?
- Fühlten Sie sich bei bisherigen beruflichen Aktivitäten eher über- oder unterfordert, und worin ist dies begründet?
- Wie kommen Sie mit Vorgesetzten bzw. Kollegen aus?
- Welche beruflichen Förderer und »Steine-in-den-Weg-Werfer« haben Sie?
- Und wer könnte das in Zukunft sein?
- Wie sehen Ihre beruflichen Ziele aus, bezogen auf Position und Verdienst?
- Wie sind die generellen Zukunftsaussichten in Ihrer Branche, in ihrem zukünftigen Beruf?
- Welche beruflichen Schwierigkeiten sehen Sie in der Zukunft für sich?
- Welchen Einfluß auf Ihre beruflichen Zielvorstellungen und Entscheidungen haben Ihr(e) Partner(in), Ihre Kinder, Freunde und andere Bezugspersonen?
- Welche Gründe sprechen für einen durch den Berufseinstieg begründeten Ortswechsel? Sind Sie diesbezüglich flexibel?
- Trauen Sie sich zu, eine völlig andere (studienfremde) berufliche Aufgabe zu übernehmen?

Versuchen Sie, aus der schriftlichen Beantwortung jeder einzelnen Frage jeweils Schlüsselworte zu entwickeln, die Ihr Ziel kurz und prägnant beschreiben. Abstrahieren Sie dabei ruhig, verkürzen und vereinfachen Sie gegebenenfalls, und bringen Sie die für Sie ganz persönlich wichtigen Dinge »auf den Punkt«.

Eine Rangfolge der Zielvorstellungen hilft Ihnen, Prioritäten zu erkennen und Schwerpunkte zu bilden. Eine solche persönliche und berufliche Situationsanalyse verschafft Ihnen Klarheit und hilft Ihnen bei der Abwägung von Gründen für oder gegen einen Arbeitsplatz, auch wenn er z.B. studienfremde Aufgaben beinhaltet. Wichtig dabei ist auch die neu gewonnene Verbalkompetenz bezüglich der Frage: »Was wollen Sie eigentlich, was ist wirklich wichtig für Sie?«

WAS IST MÖGLICH?

Vom Tellerwäscher zum Millionär, vom Schauspieler zum Präsidenten – und umgekehrt: nichts erscheint unmöglich. Aber Vorsicht, glauben Sie nicht leichtfertig schnell gemachten Versprechungen, egal von welcher Seite. Andererseits: Wer gegen seine Wünsche und Vorstellungen vorschnell die Schere im Kopf ansetzt, erreicht weniger, als möglicherweise für ihn drin ist. Grau ist das Mittelmaß, aber allemal ein sicherer Weg. Zuviel, aber auch zuwenig Phantasie kann schädlich sein. Der schmale Grat, auf dem Sie zwischen den Extremen wandeln, Ihre persönliche, richtige Balance ist individuell herauszufinden.

Mehrere designierte Wirtschaftsminister haben vor ihrer Wahl offen erklärt, von Wirtschaft nicht allzuviel zu verstehen. Ex-Wirtschaftsminister Bangemann wußte einmal auf die Frage eines Journalisten, wie viele Nullen eine Milliarde hat, keine Antwort. Gleichwohl nahm aber jeder Wirtschaftsminister fraglos für sich in Anspruch, der richtige Mann für diese Aufgabe zu sein. Bemerkenswerte Beispiele für Mut und Selbstbewußtsein – so weit hergeholt sie auch auf den ersten Blick erscheinen mögen.

Schön wäre es, wenn wir Ihnen auch für den Aspekt »Was ist möglich?« einen durch Fragen gesteuerten Leitfaden als Analysehilfe vorstellen könnten. Aber wir meinen, daß die Frage nach Ihren individuellen Möglichkeiten nicht auf diese Art und Weise behandelt werden kann.

Wichtig erscheint uns aber, auf folgendes noch einmal hinzuweisen: Jeder Mensch neigt in einer persönlichen und beruflichen Übergangs- bzw. Krisensituation dazu, seinen Handlungsspielraum und seine Gestaltungsmöglichkeiten zu unterschätzen. Die Schere im Kopf beschneidet uns in so einer Situation dann auch noch unnötigerweise in unserer Aktivität. Schließlich geht es doch um nichts Geringeres als um die Verwirklichung der individuellen beruflichen Identität.

Die Erkenntnisse aus der ersten und zweiten Situationsanalyse (Was kann ich? Was will ich?) müssen mit der Realität (Was ist möglich?) in Einklang gebracht werden. Dabei sollte man aber nicht nur seinen eigenen Realitätssinn als Maßstab nehmen, sondern auch andere Personen und deren Blick für die Realität einbeziehen. Gespräche mit dem Lebenspartner, Freunden, Bekannten, Fachberatern (Arbeitsamt etc.) bis hin zu Mitbetroffenen (z.B. Studien- und Berufskollegen, Arbeitsloseninitiative etc.) können sehr hilfreich sein.

Zweifelsohne ist die Frage »Was ist möglich?« gerade bei einer für manche Jungakademiker angespannten Arbeitsmarktsituation nicht einfach zu beantworten. Versuchen Sie, sich mit dieser Frage nicht alleine herumzuquälen. Beteiligen Sie andere Personen an diesem Denkprozeß. Greifen Sie auf das Phantasiepotential Ihrer Mitmenschen zurück.

Die folgenden Zeilen sollen depressives Risiko und konstruktive Chance der hier behandelten Fragen verdeutlichen:

Ich kann nicht, was ich will;
ich will nicht, was ich kann;
und was möglich ist,
das mag ich nicht.

versus

Ich kann, was ich will;
ich will, was ich kann;
und was möglich ist,
das mach' ich.

Also: Es nutzt nichts, nur die Löcher im Schweizer Käse zu sehen – oder neudeutsch und ohne Zynismus: Don't worry, be happy. Programmieren Sie sich also drei mal täglich mit den folgenden drei Zeilen:

Ich kann, was ich will;
ich will, was ich kann;
und was möglich ist, das mach' ich.

- *Mein Rat: Vertrauen Sie auf die Kraft der Autosuggestion, Frau Voss.*
- *Also ich, Herr Mühsam, ich vertraue niemandem außer mir selbst.*

BEWERBUNGSSITUATIONEN

Das Leben als Bewerbungsmarathon

Bewerbungssituationen: das bedeutet eigentlich immer den Wunsch, willkommen geheißen und angenommen zu werden. Diese Thematik begleitet uns lebenslang. Schon im frühesten, embryonalen Stadium unserer Existenz befinden wir uns im Grunde genommen in einer ersten Bewerbungssituation. Auch hier geht es bereits um die Frage: Werde ich (von den Eltern, später von den »Brötchengebern«) angenommen? Entspreche ich den allgemeinen Wünschen (Junge oder Mädchen, angehende Eiskunstläuferin oder ein Doktor der Medizin in spe? – Später: Bin ich der ideale Kandidat für den Job?).

Deutliche Bewerbungsherausforderungen begleiten uns schon in der frühesten Kindheit. Die Qualität des Gedichtaufsagens vor der Autoritätsfigur Weihnachtsmann scheint eine Auswirkung auf die Verteilung der Geschenke zu haben, und Kindergarten- und Schulbesuch sind klassische Bewerbungssituationen für den Neuankömmling.

Auch bei der Partnersuche und -auswahl geht es um nichts anderes als um klassische Bewerbungssituationen (Kleidung, Auftreten, zu wissen, was man sagt). Die klassische Korrespondenz, die Liebesbriefe, sind gut vergleichbar mit den Bewerbungsanschreiben für eine ausgeschriebene Stelle. Kontakt- und Heiratsanzeigen weisen durchaus Parallelen zu Stellenanzeigen auf.

- *Sie ziehen Vergleiche ... Ich bin doch nicht mit meiner Arbeit verheiratet!*
- *Aber vielleicht wären Sie es gerne, Herr Mühsam.*

Das Alltagslebens steckt voller Bewerbungssituationen: Da bewirbt man sich um eine Wohnung und muß sich vor dem Vermieter quasi entblößen (»Sind Sie verheiratet, haben Sie Kinder, Hunde oder Katzen, was verdienen Sie ...?«). Aber auch das Kreditgespräch am Bankschalter ist eine typische Bewerbungssituation. Selbst die an eine fremde Person auf der Straße gerichtete Frage nach der Uhrzeit oder einer bestimmten Adresse beinhaltet immer den Test, ob man wohl mit diesem Anliegen ankommt, eine brauchbare Auskunft erhält.

Über das vorprogrammierte Scheitern

Wunderbar. Da hatten Sie das Abitur und durften sich an den Rockzipfel der großen Alma mater (= Uni, für die Neusprachler!) hängen. Endlich lag die verhaßte Schule hinter Ihnen. Sie hatten Ihre »Reife« unter Beweis gestellt und wollten sich nun dem widmen, was Sie wirklich interessiert.

So kam es, daß Karl, der sich schon immer für den Politische-Weltkunde-Schulunterricht begeisterte, an der Uni Politologie belegte. Evi himmelte während der letzten Schuljahre ihren Physiklehrer vehement an, so daß sie sich derart beflügelt nicht zufällig in Physik einschrieb. Der notorische Besserwisser Heinz kühlte sein querulantes Mütchen am Jurastudium. Und die schüchtern-verträumte Petra trieb es zur Psychologie. Die introvertiert-belesene Ute dagegen, deren beste Freunde schon immer die Bücher waren, studierte gegen elterlichen Rat Germanistik. Dieter, der Klassenbeste, sollte – wie Großvater, Vater und nun auch der Sohn – Mediziner werden. Das finanzierte der erfolgreiche Frauenarzt ihm gern, obwohl der Filius schon lange mit Theaterwissenschaft geliebäugelt hatte. Nur Marlies absolvierte eine Banklehre, und Gitti bewarb sich zunächst als MTA, weil sie Blut so gut abkonnte.

Und (ca.) sechs, sieben, jedenfalls einige Jahre später:

Karl ist im 16. Semester Politologie und überlegt sich, ob er nun doch noch das ihm vorgeschlagene Promotionsthema »Fidel Castros Rolle als letzter Sozialist im ausgehenden 20. Jahrhundert« ernsthaft erwägen soll. Wenn da nicht noch die Diplomarbeit ausstände und die Diplomprüfung überhaupt. In der Zwischenzeit aber hat er seinen Taxischein gemacht und genießt in Funktaxikreisen das Image »Karl Marx auf Daimler«.

Nachdem Evi im 10. Semester während eines Experiments beinahe der elektrische Schlag getroffen hätte und sie spürte, daß die unerfüllte Liebe zu ihrem Physiklehrer nun letztendlich schlagartig überwunden war, wechselte sie zu Chemie über.

Heinz' Besserwisserei hat sich nach 13 Semestern Jura mit dem ersten Staatsexamen ausgezahlt. Das zweite Examen ließ etwas länger auf sich warten, aber mit dem 3. Oktober eröffneten sich für ihn grenzenlose Perspektiven.

Im siebenten Monat heiratete Petra ihren studentischen Tutor am Ende des 7. Semesters – kurz vor Abschluß des Psychologie-Vordiploms.

Ute hat ihre Magister-Arbeit in Germanistik über »Goethe als solchen« getippt und ist inzwischen eine der beliebtesten Sekretärinnen bei der *Adia-interim*-Zeitarbeitsvermittlung.

Dieter ist zum dritten Mal nach 10 Semestern durchs Physikum gerauscht und schnuppert jetzt wenigstens als Buffetkraft im »Theater des Westens« Theaterluft.

Marlies leitet eine Bankfiliale.

Gitti hat nach der MTA-Ausbildung doch noch ein Medizinstudium aufgenommen und ist heute bereits in der Chirurgie-Facharztausbildung.

Non vitae, sed scholae discimus ...

Der anfängliche realistische Bezug zur Berufswelt, der sich bei Kindern etwa im Alter von 5-7 Jahren noch klar äußert (»Lokomotivführer«, »Krankenschwester«, »Tierärztin«, »Pilot«) geht vielen Menschen offenbar später verloren. Da wird die Reifeprüfung abgelegt und ein Studium quasi als Impulshandlung begonnen, meist ins Blaue hinein, ohne viel Nachdenken darüber, womit man mit 30 – vielleicht früher oder später – seine Brötchen verdienen kann.

Da klingen die Sprüche der Eltern noch in den Ohren »Junge, werde Beamter«, aber die scheinbare Freiheit des Lernenden im Uni-Betrieb übt eine zu starke Anziehungskraft aus. Bis man dahinterkommt, daß an der Uni auch nicht alles Gold ist, was glänzt, daß häufig Hoffnungen durch innere und äußere Wirren zur Desillusionierung verkommen.

Aber trotzdem hat man noch mal Glück gehabt und eventuell inklusive Studienwechsel alles durchgestanden. Trotz Jobbens wurden die notwendigen Scheine gesammelt, hat man sich durch die Abschlußarbeit gequält und den Prüfungsstreß mit vollem Mut zur Lücke auf sich genommen. Und dann liegt es hinter einem, das Abschlußexamen, aber häufig auch die berufliche Zukunft ...

Zugegeben: Das ist alles überzeichnet, total pessimistisch und übertrieben dargestellt...

- *Echt ätzend dieser Text, nicht wahr, Frau Voss...?*

...aber es soll hier verdeutlichen, was wir kritisieren: Fehlende Planung und Perspektive, nicht vorhandene Visionen, viel zu wenig Zielorientierung auf das, worauf es bei dem ganzen Unternehmen Berufsausbildung doch letztlich ankommt: die »Vermarktungsfähigkeit« der eigenen Arbeitskraft.

In vielen Fällen geht das alles trotzdem irgendwie gut, auch ohne Planung, mit kaum oder nur sehr wenig System, denn zufällig ergibt sich etwas (Gott-sei-Dank) – eine Chance, eine Begegnung, ein Angebot. Der Einstieg gelingt, die Bewährung im Berufsalltag beginnt sich langsam aber deutlich abzuzeichnen. Es ist geschafft.

Bisweilen aber steht man/frau am Taxistand vor der Rufsäule und niemand ruft...

Die Motive der Studien- und Berufswahl sind häufig nicht bewußt. Das eigentliche Ziel, das mit dem Studienabschluß angestrebt wird – Selbstverwirklichung, Arbeitsplatz, Lebensunterhaltssicherung –, wird oft zugunsten einer vagen »akademischen Selbstbefriedigung« verleugnet. Eine Auseinandersetzung mit den ökonomischen Lebensbedingungen wird zunächst vermieden, später durch (Studenten-)Aushilfsjobs scheinbar gelöst, bis auch hier die Unzufriedenheit über Bezahlung und Abhängigkeit ein bestimmtes Maß an Frustrationstoleranz überschritten hat.

Vielleicht gelingt dann der Studienabschluß, bisweilen orientiert man sich aber auch völlig um. Studienwechsel oder gar Abbruch sind in dieser Krisensituation nicht selten. Gelingt es, die Studien-Sinn-Krise zu überwinden und schafft man den Hochschulabschluß, beginnt das Leiden in dem Moment, wo es um die praktische Verwertung des auf der Hochschule erworbenen Wissens geht.

Relativ unvorbereitet auf das, was draußen im Berufsalltag abläuft, versucht man mit dem akademischen Abschluß in der Tasche, das Alte (Universität) verlassend, in etwas Neues (Berufsleben) einzusteigen. Das mutet häufig an wie der Einstieg in die Pilotenkanzel eines Flugzeugs ohne Pilotenschein. Vielleicht mit einer ganzen Menge Theoriewissen, aber keiner einzigen praktischen Flugstunde. So nach dem

Motto: Es wird schon irgendwie schiefgehen. Und das tut es dann auch...

Aus psychologischer Sicht könnte die so häufig fehlende Orientierung auf den Berufseinstieg etwas mit dem unbewußten Wunsch zu tun haben, sich noch nicht ganz mit dem Erwachsenenstatus »Berufstätigkeit« und der damit einhergehenden Beendigung des Entwicklungsstatus »Student« zu konfrontieren. Das »Abnabeln« von der »Alma mater« – vergleichbar mit dem Auszug aus dem Elternhaus und den damit verbundenen Schwierigkeiten – gelingt nicht, das mit dem Berufseintritt einhergehende Ende der Kindheit wird aufgeschoben.

Dies kann sich bereits während des Studiums auf verschiedene Weise manifestieren: Da fehlen Scheine zur Abschlußprüfung, die Examensarbeit und/oder Prüfungsvorbereitung wird durch Arbeitsstörungen blockiert, da tritt scheinbar aus ganz unerklärlichen Gründen Prüfungsversagen auf. Oder – wie beschrieben – die Vorbereitung auf die Prüfungssituation ›Bewerbung‹ wird mit völlig unzureichendem Engagement betrieben bzw. mit »tödlichen« Fehlleistungen garniert (unterfrankierte Bewerbungsunterlagen, formaler Standard von 1945); das Desaster ist vorprogrammiert.

Berufsfindung und Berufseinstieg sind – psychologisch betrachtet – ein Reifungsprozeß. Die anläßlich einer Bewerbung von Arbeitgeberseite inszenierten Rituale, Tests und Anpassungsüberprüfungen sind Initiationsriten vergleichbar, die zur Regelung des Übergangs und Statuswechsels Student/Berufstätiger erfolgen.

Welche Konsequenz kann man daraus ziehen? Schon während des Studiums ist es notwendig, das Ziel der ganzen Unternehmung Berufsausbildung stets präsent zu haben und im Laufe des Studiums bei allen Entscheidungen mit einfließen zu lassen. Geeignete Mittel dazu sind der bewußt gewählte Studienschwerpunkt, Praktika (mit Kontakten zu potentiellen Arbeitgebern) und eine nicht zufällig gewählte (eventuell an einen potentiellen Arbeitgeber angebundene) Diplom- oder Abschlußarbeit (mehr dazu im nächsten Abschnitt).

Kommt das Bewußtsein um diese Thematik erst »zu später Stunde«, gilt es, den überzeugenden roten (Studien-)Faden in bezug auf den angestrebten Arbeitsplatz wenigstens im nachhinein in den Ausbildungsverlauf hineinzuinterpretieren. Dies geschieht vor allem durch Weglassen und/oder Herausstellen bestimmter Aspekte.

Zu Ihrer Beruhigung: Die Realität sieht wohl meist so aus, daß man erst ein Stück des (Lebens-)Weges geht und sich dann in alle Richtungen umschaut, wo man sich befindet und wie es am besten weitergeht. Wer an dieser Stelle angekommen »mit Kompaß und Karte« oder nur »mit der richtigen Spürnase« eine für sich günstige Richtung zu wählen weiß, kann immer noch zufrieden sein. Auf der Spitze des Berges ist es immer leichter, den Aufstieg zu beschreiben und erklärend zu begründen. Von unten ist der Überblick zwangsläufig sehr viel schwerer zu erahnen. Wer zu einer imaginativen Wegplanung in der Lage ist, den darf man wohl beneiden.

Berufs- und arbeitsplatzbezogene Zielorientierung

Man kann gar nicht früh genug anfangen, sich ein Berufsziel mit einem möglichst konkreten, eingegrenzten Aufgabengebiet zu erarbeiten. Da reicht es beispielsweise nicht aus, zu wissen, daß man eines Tages vielleicht Jurist, Psychologe oder Mediziner ist, sondern eine spezielle Arbeitsrichtung aufgrund der sich abzeichnenden Neigungen und Begabungen sollte frühzeitig eine entscheidende Rolle spielen. Aber auch der regelmäßige Blick auf den Arbeitsmarkt und die Stellenangebote liefern Ihnen für die Zielbestimmung und -planung wichtige Informationen. So hilft die Beobachtung des zukünftigen Berufsfeldes rechtzeitig Veränderungen sowohl des Arbeitsmarktes (neue Berufsaufgaben) als auch der fachlichen Entwicklung zu erkennen und trägt mit dazu bei, nicht orientierungslos am realen Praxisbedarf vorbeizustudieren.

Konkreter: Ob Augen-, Sport-, oder Nervenarzt, Arbeits- oder Tropenmediziner – die Richtung gilt es möglichst früh zu erkennen und durch gezielte Kontakte, Sonderfortbildungen und Praktika auszubauen bzw. zu vertiefen. Nur wer Ziele vor Augen hat, kann den Weg zu ihnen finden.

Bewerbungen laufen immer häufiger bereits vor dem Erhalt des Hochschulabgangszeugnisses. Das bedeutet, daß Sie auch mit Jobs und Praktika persönliche Kontakte zu potentiellen Arbeitgebern aufbauen und sich so bekannt machen können. Selbst Ihre Abschlußarbeit kann in Absprache mit einem potenten Arbeitsplatzvergeber später einen erheblichen persönlichen Extranutzen bedeuten. Sogar Fachgespräche auf Messen und Kongressen sind ein probates Mittel, Ihren Berufseinstieg vorzubereiten. Immer geht es darum, Ihre persönlichen Chancen auszuloten, zu überprüfen, ob der Arbeitgeber für Sie überhaupt in Frage kommt und sich dabei gleichzeitig als interessante potentielle Arbeitskraft zu präsentieren.

Arbeitgeber wissen diese berufs- und arbeitsplatzbezogene Zielorientierung zu würdigen, denn sie läßt in der Regel auf besondere Motivation schließen und macht das »Extra« aus, das Sie von anderen Bewerbern unterscheidet.

EINSTIEGSCHANCEN

Per aspera ad astra

- *Durch Aspirin zu den Sternen. Ist das richtig übersetzt, Herr Mühsam?*
- *Lassen Sie den Quatsch, Frau Voss, bitte ...*

Es mag banal klingen: Auf den richtigen Einstieg kommt es an – und der ist mit einem entsprechenden Bewerbungsverfahren verbunden. Abgesehen von diesem speziellen Bewerbungsritual, das man erst einmal erfolgreich durchstehen muß, gilt es für Sie als Jungakademiker und Berufsanfänger zwei Chancen zu nutzen: 1. die Chance zu bekommen, überhaupt einmal anfangen zu dürfen und 2. damit auch die Chance, im Praxisalltag beweisen zu können, daß Sie etwas können – nämlich erfolgreich bzw. gut arbeiten.

Das trifft sowohl für den Jungmediziner als auch für die frisch gebackene Journalistin zu, genauso für den gerade mit der Uni fertigen Volkswirt oder Juristen. Jeder Beruf, jede Branche hat beim Einstieg für Anfänger ihre eigenen Regeln. Die gilt es, frühzeitig in Erfahrung zu bringen.

So wird z.B. Jungakademikern (u.a. aus den Bereichen BWL, VWL, Jura), die in der sog. freien Wirtschaft (Banken, Versicherungen, Handel usw.) einen Arbeitsplatz suchen, oftmals ein **Trainee-Programm** angeboten – eine Art anspruchsvolle Lehre für Akademiker. Dabei handelt es sich um Ausbildungsprogramme mit einer Dauer von 6 bis 24 Monaten. In dieser Zeit durchläuft man verschiedene Abteilungen des Unternehmens und lernt dort Mitarbeiter, Arbeitsaufgaben und -abläufe kennen.

Nach einer Einführungsphase bekommt man zunächst überschaubare, später eventuell größere Aufgaben zugewiesen, die es zu bearbeiten und zu lösen gilt. Das ganze wird bisweilen durch eine Art gehobenen Berufsschulunterricht abgerundet.

Alternativ bietet sich ein **Training-on-the-job** an, bei dem es von vornherein um ein viel tieferes Eintauchen in ein ganz bestimmtes Arbeitsgebiet geht.

Eine andere Einarbeitungsmethode nennt sich **Job-Rotation**: nach einem speziellen innerbetrieblich festgelegten Ausbildungsplan sollen akademische Nachwuchskräfte mit zukünftigen Führungsaufgaben vertraut gemacht werden.

Ohne hier weiter auf die verschiedenen Vor- und Nachteile dieser Trainee- oder Training-on-the-Job-Einstiegsprogramme einzugehen, ist darauf genauestens zu achten, **wer was wie** anbietet. Es gibt Unternehmen, deren Programme einen exzellenten Ruf genießen und andere, bei denen diese Ausbildungszeit nahezu als vertan angesehen werden muß.

Es existiert aber auch der **Direkteinstieg** – kein Ausdruck aus der Einbrecherszene, sondern die Umschreibung einer Möglichkeit für Jungakademiker, direkt in verantwortungsvolle Fachpositionen einzusteigen. Meist verbirgt sich hinter dem Direkteinstieg ein gezieltes Training-on-the-job. Im Gegensatz zum klassischen Traineeprogramm wird nur ein Funktionsbereich oder eine Abteilung des Unternehmens intensiv kennengelernt. Diese muß in relativ kurzer Zeit beherrscht werden. Schnell hat sich hier der junge Manager der Verantwortung zu stellen und zu zeigen, was er wirklich »drauf hat«.

Dabei kommt es vor allem auf fixe Auffassungsgabe, Lernfähigkeit und ausgezeichnetes Kommunikationsvermögen an sowie auf die Fähigkeit, sich spezielles Know-how selbst zu erarbeiten und erfolgreich umzusetzen. Wer während des Studiums Praxiserfahrung gesammelt hat, ist im Vorteil, weil er weiß, wie Dinge in Unternehmen entschieden werden. Kontaktfähigkeit ist wie so oft das A & O.

Vielleicht fangen Sie aber auch als **Assistent** der Unternehmensführung an und arbeiten sich von einer sog. Stabs- in eine Linienposition vor.

Von den heutigen Top-Managern hat etwa jeder dritte seine Laufbahn als Assistent des Chefs begonnen. Diese Form der Ausbildung wird deshalb häufig als die konservativ-klassische bezeichnet, beinhaltet aber die Gefahr, statt der Kronprinzen- die ewige Sekretärsrolle zu behalten.

Nun gibt es nicht für alle akademischen Berufe diese speziellen Einstiegsformen. An dieser Stelle sei deshalb auch auf Stichworte hingewiesen wie **Volontariat, Hospitation, ehrenamtliches Engagement** und

Arbeitsbeschaffungsmaßnahmen (ABM) (vgl. das Kapitel Recherche, S. 36).

Alle diese Möglichkeiten beinhalten die Chance, schlecht oder recht, mehr oder weniger bezahlt Berufspraxis zu erwerben und Fähigkeiten unter Beweis zu stellen. Mit den entstehenden Kontakten zu potentiellen Arbeitgebern verbindet sich nicht selten die Hoffnung auf einen späteren, adäquat bezahlten Arbeitsplatz, häufig zu recht, bisweilen leider aber auch illusionär.

So arbeiten oftmals junge Soziologen unterbezahlt aber gerne an einem Forschungsprojekt mit, und arbeitslose Pädagogen versuchen über eine bescheiden bezahlte Dozententätigkeit an der Volkshochschule einen Praxisnachweis zu erbringen.

Ohne hier weitere Beispiele anführen zu wollen, geht es uns um die Betonung des grundsätzlichen Prinzips, sich unter allen Umständen aktiv um einen Einstieg in das Berufsleben zu bemühen. Selbst unter schwierigen, bisweilen ausbeuterischen Bedingungen zu arbeiten macht Sinn, wenn dadurch die Chance verbessert wird, in absehbarer Zeit einen angemessenen Arbeitsplatz zu bekommen.

SELBSTDARSTELLUNG

Die Mär vom idealen Bewerber

Zu den wichtigsten Einstellungskriterien zählen z.B. für die *Allianz* »Persönlichkeit« und »Kommunikationsfähigkeit« – so das Fazit eines großen FAZ-Artikels über Hochschulabsolventen im Traineeprogramm beim Versicherungskonzern Nr. 1 (»Als Momo kommen, als Vorstand gehen«).

- *Kennen Sie das herrliche Goethewort, Frau Voss: Das höchste Ziel der Erdenzeit ist doch die Persönlichkeit...*

Auch für den Personalchef der *Preussag AG* steht die Persönlichkeit des Bewerbers im Mittelpunkt und weniger seine akademische Herkunft. Ihn interessiert: »Was hat der Bewerber in den Semesterferien gemacht, war er im Ausland, hat er seinen Horizont erweitert...

- *Heißt das Sonnenuntergänge beobachten, Herr Mühsam?*

...hat er sich Sprachkenntnisse angeeignet?«

Kurze Studienzeiten werden von allen Personalchefs als Auswahlkriterium hoch gelobt. Für einige Arbeitgeber ist ein Prädikatsexamen Eingangsvoraussetztung. Außeruniversitäre Aktiväten, egal ob in Sport, Politik, Kultur oder Business, gelten etwas, wenn sie von Erfolg gekrönt sind. Auslandserfahrung, Praktika aller Art (selbst Überlebenstrainings...) und EDV-Kenntnisse stehen ebenfalls hoch im Kurs.

Wichtig: Auch Jobs sind wegen der durch sie ermöglichten ersten Erfahrungen im Berufsleben von hoher Relevanz.

Weitere erwünschte Bewerber-Eigenschaften sind Engagement, Begeisterungsfähigkeit, Teamgeist und »Biß«.

Bei einer Befragung von fast 800 Personalchefs aus der privaten Wirtschaft (alle Branchen) gaben als wichtigstes Auswahlkriterium bei Jungakademikern 81% Sozialkompetenz an. Zweitwichtigstes Kriterium (77%) waren Studienschwerpunkte, die in engem Zusammenhang mit der zukünftigen Berufstätigkeit stehen. Mit deutlichem Abstand folgten DV-Kenntnisse (immerhin noch 50%), Studiendauer, Auslandsaufenthalte und Abschlußnoten (jeweils nur mit 26%, vgl. Management Wissen 12/1990, S. 38).

Am besten also, man ist Anfang 20, aber mindestens doppelt so weise, mit Prädikatsexamen, Auslandserfahrung, zwei, drei gepflegten Hobbys und der sympathischen, alles gewinnenden Ausstrahlung der gängigen Fernsehwerbespots.

Sollten Sie an dieser Stelle Differenzen zwischen Soll und Haben feststellen, was Ihre eigene Person angeht, darf das kein Anlaß für eine reaktive Depression sein. Jetzt werden nur Ihre schauspielerischen Qualitäten beim Enstieg in den Bewerbungszirkus gefordert. Die »High Potentials«, »Hochtalente« oder »Goldfische« sind vor allem Meister der Selbstdarstellung – und auch diese ist erlernbar.

Als Selbstdarsteller unterwegs

Wen kennen Sie am besten? Sich selbst. Vielleicht ist es gerade deshalb so schwer, sich angemessen einer anderen Person gegenüber darzustellen. Vor allem wenn man diese nicht kennt, nicht weiß, worauf es in der Bewerbungssituation ankommt und man das ganze zunächst einmal schriftlich bewältigen muß.

Sie werden uns zustimmen, daß die Formulierung einer Heiratsannonce oder das Antwortschreiben auf eine solche eine heikle Sache ist. Heikel nicht etwa im moralischen Sinne, sondern wirklich schwierig, weil dieses Unterfangen zeitaufwendig ist, wenn man/frau der eigenen Person gerecht werden und Erfolg haben will.

Nicht viel anders verhält es sich bei der Gestaltung des Bewerbungsanschreibens, insbesondere des Lebenslaufes. Dabei steht außer Zweifel, daß jeder Mensch im persönlichen wie im beruflichen Bereich Qualitäten besitzt. Die Frage ist nur, ob Sie diese wirklich kennen und in der schriftlichen Bewerbung angemessen darstellen können, so daß Ihr Gegenüber, der Leser Ihrer Bewerbungsunterlagen, Interesse an Ihrer Person bekommt (vgl. dazu S. 43).

Sie kommen höchstwahrscheinlich nicht daran vorbei, eine neue Form der Selbstdarstellung zu erlernen. Im universitären Bereich gelten andere Spielregeln und Kommunikationsformen als beim Berufseinstiegsritual.

Jetzt wird es zunächst einmal notwendig, sich selbst zu »managen«, das heißt sich selbst zu verkaufen – mit anderen Worten: sich erfolgreich zu »vermarkten«.

Ein wichtiger Aspekt für Ihre berufliche Zukunft ist also das Erlernen von speziellen Bewerbungstechniken und -strategien, um die eigenen Interessen und Ziele (wenigstens versuchs- und probeweise) durchzusetzen.

Gut verpackt ist jede Ware attraktiver für den potentiellen Käufer. Das gilt insbesondere für die »Ware« Arbeitskraft.

- *Darf ich an dieser Stelle mal den Geheimrat Goethe aus Weimar zu Wort kommen lassen?*
  – Bitte, Herr Mühsam, wenn es sein muß ...
- *Nur die Lumpen sind bescheiden – Brave freuen sich der Tat.*
  – Vielen Dank, Herr Mühsam.

Bevor es in die Startposition für den Beginn des Bewerbungsrennens geht, ist nun noch eine weitere wichtige Vorarbeit zu bewältigen: Die Suche nach Verbündeten.

RECHERCHE

Gewöhnliche und außergewöhnliche Wege nach Rom

Wer kann was für Sie tun?

In erster Linie zunächst einmal Sie selbst. Wer zuhause auf den Anruf wartet, der ihn zu einem attraktiven, gut bezahlten Job einlädt, erinnert an die Hauptdarsteller in Becketts absurdem Theaterklassiker »Warten auf Godot«.

Verbringen Sie also nicht zu viel Zeit beim Nachdenken, wer Ihnen eine gebratene Taube mundgerecht zufliegen lassen könnte. Das wäre höchst unrealistisch. Denn immer noch gilt: Keiner bedient Sie so gut, wie Sie sich selbst!

Nicht zu unterschätzen aber ist der Wert der Hilfe und Unterstützung durch andere Personen. Nur allein darauf verlassen sollte man sich eben möglichst nicht. Gott hilft dem, der sich selbst zu helfen weiß.

Und das Gebot der Stunde heißt: recherchieren.

Recherchieren bedeutet, Informationen zu sammeln und mosaikartig zu einem Bild zusammenzusetzen. Wichtige Mosaikbausteine dazu kennen Sie bereits – es sind Ihre Überlegungen und Antworten zu dem Fragenkomplex: Was kann ich, was will ich und was ist möglich?

Gerade die letzte Frage bedeutet für Sie, Informationen über potentielle Arbeitsplatzmöglichkeiten zu sammeln. Dies kann natürlich nur im engen Zusammenhang mit der Klärung der ersten beiden Fragen effektiv geschehen.

Auch der gute Vorsatz, wichtige Dinge selbst in die Hand nehmen zu wollen, bedeutet nicht, auf Experten zu verzichten. Lassen Sie Experten für sich arbeiten, nutzen Sie Beratungsangebote vom Arbeitsamt und anderen Einrichtungen, deren Aufgabengebiet mit dem Thema Berufseinstieg verbunden ist.

Die Palette der Beratungsangebote ist breiter, als sie zunächst erscheint. Je nach Zeitpunkt und Ausgangslage können Sie auf relevante berufliche Informationen durch folgende Institutionen hoffen: Angefangen vom Berufsinformationszentrum (eine spezielle Einrichtung des Arbeitsamtes) über die Studienberatung, die Kammern von Industrie, Handel und Handwerk bis hin zu besonderen Interessenvertretungen (z.B. Arbeitslosenzentren, Behindertenwerkstätten etc.). Aber auch Profis wie unabhängige Personalberatungsgesellschaften oder die Personalabteilungen größerer Unternehmen oder Institutionen können durchaus eine nützliche Ratgeberfunktion übernehmen.

Und noch jemand könnte sich als sehr hilfreich erweisen: Insider. Jeder, der bereits in dem angestrebten Beruf tätig ist, kann Ihnen möglicherweise wertvolle Informationen für Ihr Bewerbungsvorhaben geben. Dabei spielt es gar keine Rolle, ob Sie es mit einem erfolgreichen oder unzufriedenen Standesvertreter zu tun haben –, Sie werden in beiden Fällen wissenswerte Anhaltspunkte erfahren.

Ihre Informationsquellen werden Ihnen auch Wege aufzeigen, über die Sie Kontakt zu potentiellen Arbeitgebern bekommen. Das kann sowohl über Stellenangebote wie -gesuche in Fachzeitschriften als auch in Tages- und Wochenzeitungen erfolgen.

Auch das Branchenfernsprechbuch sowie andere in Bibliotheken vorhandene Nachschlagewerke können als Wegweiser und Kontaktbereiter nützlich sein.

Als neuartige *Recruiting strategy* der Arbeitgeber sind sog. »Kontaktmessen« stark im Kommen, auf denen insbesondere Großunternehmen sich und das, was sie Hochschulabsolventen und Berufseinsteigern anbieten können, vorstellen. Als Beispiele seien hier angeführt: Der »Deutsche Absolventenkongreß«, veranstaltet vom DSV Studentenverlag (auch Herausgeber der Zeitschrift »Forum«, Tel. 0041-71/23 21 84), die AIESEC-Firmenkontaktgespräche (Tel. 0221-25 32 61) und die Bonding-Messen (Tel. 0241-40 33 52).

Hier bekommt man als potentieller Einsteiger einen guten Überblick über die aktuelle (Bewerber-)Marktsituation, mit der man es bald zu tun haben wird. Diese vorwiegend von Industrie, Handel, Banken und Versicherungen dominierten Anbietermärkte sind in der Regel weniger für Politologen, Philosophen oder Sozialpädagogen gedacht. Diese Bewerbergruppen haben es deutlich schwerer. Andererseits haben Hochschulabsolventen mit diesen Fachkombinationen und einer Art »studium generale« ohne zu einengenden Studienschwerpunkt das Argument auf ihrer Seite, sich in das notwendige Branchen-Know-how schnell einarbeiten zu können. Vielleicht können Sie mit der Fähigkeit beeindrucken, Lernen auf besondere Weise gelernt zu haben, sowie mit einer spezifischen Sozialkompetenz überzeugen, aus der sich auch Führungspotential entwickeln kann, wenn man Ihnen eine Chance gibt. Aber auch die von Industrie und Wirtschaft so händeringend gesuchten Nachwuchskräfte, Ingenieure, Wirtschaftswissenschaftler etc. werden »feinsortiert« und »abgewogen«. Wer nicht in das Unternehmens-Werte-Weltbild paßt, wird gnadenlos »aussortiert«.

In der erwähnten Befragung von ca. 800 Personalchefs aus Wirtschaftsunternehmen aller Branchen (vgl. S. 33) wurde untersucht, welche Anwerbungsmethoden bevorzugt werden. An erster Stelle rangiert die Suche mittels Stellenangebot in Zeitungen (78%). An zweiter Stelle folgt die Kontaktaufnahme zu Bewerbern, die dem Unternehmen bereits als Werkstudenten oder Praktikanten bekannt sind (42%). Auch die direkte Kontaktaufnahme zu Hochschullehrern wird als häufige Rekrutierungsmethode genannt (34%).

Die gängigen Quellen

Die traditionellen Methoden und Quellen für die Kontaktaufnahme mit einem potentiellen Arbeitgeber sind:

- die Stellenanzeige
- das Arbeitsamt
- die unaufgeforderte Bewerbung
- die persönliche Empfehlung
- das Stellengesuch

Untersuchungen haben ergeben, daß neue Arbeitsplätze am häufigsten per Stellenanzeige besetzt werden (ca. 40%), an zweiter Stelle (mit jeweils ca. 20%) rangiert der Vermittlungsdienst des Arbeitsamtes und die auf Eigeninitiative basierende Bewerbung. Die restlichen 20% entfallen auf andere Bewerbungsformen.

DIE KLASSISCHE STELLENANZEIGE

- Bewerbung auf Stellenangebote in regionalen oder überregionalen Tages- und Wochenzeitungen sowie Fachzeitschriften.

Wo Sie die richtigen Stellenanzeigen für sich finden, müssen Sie zunächst einmal in Erfahrung bringen. (Eine Hauptquelle sind sicherlich *Die Zeit* sowie die Wochenendausgaben der großen überregionalen Tageszeitungen *Frankfurter Allgemeine Zeitung, Frankfurter Rundschau* und *Süddeutsche Zeitung.*)

Generell sind zwei Sorten von Anzeigen zu unterscheiden: Jemand sucht eine(n) neue(n) Mitarbeiter(in) (Stellenangebot) oder – seltener – ein Arbeitnehmer bietet seine Arbeitskraft per Inserat an (Stellengesuch).

Innerhalb der Stellenangebotsanzeigen gibt es drei Varianten:

1. Anzeigen, die eine direkte Kontaktaufnahme mit dem potentiellen Arbeitgeber ermöglichen (ein eventueller telefonischer Vorabkontakt muß gut überlegt und geplant sein, siehe S. 95).
2. Ein direkter Kontakt ist nicht möglich, weil der Adressat der Bewerbung quasi inkognito bleibt und nur unter Chiffre über die Zeitung/Zeitschrift erreicht werden kann.
3. Eine Personalberatungsfirma ist zwischengeschaltet und nimmt die Aufgabe der Bewerberauslese im Auftrag eines Arbeitgebers wahr, der selbst zunächst nicht in Erscheinung tritt.

Worauf ist bei der Lektüre dieser Anzeigen zu achten?

Kommt dieses Angebot für Sie in Frage, d.h. erfüllen Sie die gestellten Anforderungen, und erfüllt der Arbeitsplatzanbieter Ihre Anforderungen und Erwartungen an einen Arbeitsplatz?

Bei Arbeitsplatzangeboten gibt es gut gegliederte und formulierte Anzeigen ebenso wie ungeschickt und unklar formulierte. Bei Ihrer Auswahl sollten Sie sich Zeit lassen und die Zeitung ein zweites und drittes Mal sorgfältig durchsehen.

Gerade auf Hochschulabsolventen haben sich einige Printmedien spezialisiert und werben mit interessanten Themen und vielen Anzeigen der Großarbeitgeber aus Industrie, Banken, Handel und Versicherungen. Zwei führende Zeitschriften sind »Forum« und »Unicum«. Erwähnenswert ist in diesem Zusammenhang aber auch die von der Bundesanstalt für Arbeit herausgegebene Zeitschrift »Uni«. Zeitungen bzw. Zeitschriften wie *FAZ, Handelsblatt, Wirtschaftswoche, Capital* und selbst der *Spiegel* veröffentlichen in regelmäßigen Abständen Sonderbeilagen bzw. -ausgaben für Hochschulabsolventen und Berufseinsteiger mit entsprechenden umfangreichen Stellenangebotsanzeigen aller großen Unternehmen.

DER BEWÄHRTE WEG ÜBERS ARBEITSAMT

Das Gespräch mit Ihrem Fachberater auf dem Arbeitsamt wird klären, was möglich ist.

Mitarbeiter des Arbeitsamtes haben es selbst nicht ganz leicht – sie stehen oft unter einem enormen Arbeits- und Erwartungsdruck. Dies erklärt ihren bisweilen nicht so herzlichen Umgangston mit Ratsuchenden. Wer zum Arbeitsamt muß, ist durch seine persönliche Situation naturgemäß nicht unbedingt in Bestform und stabilster psychischer Verfassung. Hier kann sich leicht etwas zusammenbrauen.

Gestatten Sie uns deshalb den Hinweis: Versuchen Sie, die von beiden Seiten möglicherweise gestreßte Gesprächsatmosphäre zu entspannen, indem Sie Ihr Gegenüber ausgesucht höflich, freundlich, ja geradezu liebenswürdig behandeln (sicherlich leichter gesagt als ..., trotzdem: Wie es in den Arbeitsamtswald hineinruft, so schallt ...).

Das soll nicht bedeuten, daß Sie sich alles gefallenlassen, sich als Bittsteller fühlen müssen. Nur: Mit Freundlichkeit gelingt es generell besser, Menschen für sich zu gewinnen und zu motivieren. Versuchen Sie, mit dieser positiven Grundeinstellung die Leute vom Arbeitsamt für Sie arbeiten zu lassen.

DIE UNAUFGEFORDERTE BEWERBUNG
stellt eine besondere Form der Werbung in eigener Sache dar, die Marketing und Fingerspitzengefühl erfordert. Am Anfang steht die Vorauswahl der Branche und der potentiellen Arbeitgeber.

Die per Telefon, schriftlich oder persönlich durchgeführte unaufgeforderte Bewerbung ist um so erfolgversprechender, je mehr Sie von der Branche und den Bedürfnissen des speziellen Unternehmens wissen.

Denken Sie an gute Fernseh-Werbefilme, die Sie neugierig gemacht oder sogar zum Ausprobieren verleitet haben und werben Sie mit der unaufgeforderten Bewerbung in eigener Sache: Sie sind der Produzent, das Produkt sind Ihre Fähigkeiten, ist Ihre Arbeitskraft. Drehen Sie den Spieß um, werden Sie selbst aktiv! (*vgl. auch den übernächsten Absatz: die individuelle, persönliche Empfehlung*)

An dieser Stelle noch einmal der Hinweis: Es empfiehlt sich, schon während der Ausbildung Kontakte zu potentiellen Arbeitgebern in Form von Betriebs-Praktika, Diplom-Arbeiten, Betriebsbesichtigungen, Informationsveranstaltungen u.ä. aufzubauen, die man anläßlich einer Bewerbung nutzen kann.

DIE INDIVIDUELLE, PERSÖNLICHE EMPFEHLUNG

setzt Leute voraus, die Sie kennen, die *Sie* mögen und die *Sie* fördern wollen (»Vitamin B«). Wenn nicht, sorgen Sie dafür, daß solche entstehen, zum Beispiel durch Verwandte, Bekannte, Freunde, Freunde der Freunde, Ex-Kollegen, Ausbilder, Vorgesetzte usw. Der Phantasie sind keine Grenzen gesetzt, der Zweck heiligt die Mittel. Und wenn Sie keiner empfiehlt, empfehlen Sie sich selbst. Das (Berufs-)Leben schafft Kontakte, sei es in Form von Messen, Kongressen, Tagungen, Verkaufskontakten, Forschungsvorhaben etc.

DAS KREATIVE EIGENE STELLENGESUCH

– seltener, aber warum nicht?

Sie bieten sich aktiv an. Studieren Sie zur Ihrer Anregung einmal die entsprechenden Rubriken in Tages- und Wochenzeitungen sowie Fachzeitschriften. Auch hier gilt das Prinzip »Werbespot«.

Ausgangspunkt und Basis der Gestaltung eines erfolgreichen Stellengesuches sind die kurzen, prägnanten Antworten auf die zuvor gestellten Fragen:

Was bin ich? – Was kann ich? – Was will ich?

Neben dem gut formulierten Text kommt es bei Stellengesuchen auf den richtigen Zeitpunkt an – von Ihnen aus betrachtet (also nicht gerade, bevor Sie für drei Monate nach Australien gehen) sowie aus der Sicht des potentiellen Arbeitgebers (salopp formuliert: Weihnachtsmänner sind zu Ostern noch nicht gefragt, aber im November käme ihr Stellengesuch schon fast zu spät).

Weiterhin ist die Auswahl des richtigen Mediums für Ihr Stellengesuch von großer Bedeutung – Stichwort (über-)regional. Ein Theologe beispielsweise, der sein Stellengesuch in der *Frankfurter Rundschau* plaziert, »liegt voll daneben«.

Der richtige Rahmen, die Größe Ihrer Anzeige ist ebenfalls wichtig. Eine Sekretärin, die mit einer viertel Seite für sich wirbt, investiert nicht nur viel Geld (ab 5000 DM aufwärts), sondern würde auch Befremden auslösen. Dagegen wird ein Manager, der ein Jahresgehalt von 100 000 DM und mehr anstrebt, mit einer einspaltigen 20-mm-Kleinanzeige allenfalls einen Heiterkeitserfolg ernten.

Als Daumenregel für Anzeigekosten können Sie von etwa 15% (etwas mehr oder weniger) Ihres angestrebten monatlichen Bruttogehaltes (vor Abzug der Abgaben) ausgehen.

Zusammengefaßt: Nicht nur der Inhalt, sondern auch Zeitpunkt, Auswahl, Plazierung und Größe Ihres Stellengesuches sind wichtige Faktoren, die es zu bedenken gilt.

Darüber könnte man ein ganzes Buch schreiben – die *Frankfurter Allgemeine Zeitung* bietet zum Thema Stellengesuch eine kostenlose Broschüre an (FAZ, Postfach 10 08 08, W-6000 Frankfurt a.M. 1).

BEWERBUNGSANSCHREIBEN

Damit Sie ankommen – wissen, worauf es ankommt

Sie haben sich mental auf die Bewerbungsszenerie gut vorbereitet. »Bewerbungstheoretisch« gesprochen: Sie wissen, woher Sie kommen, wohin Sie gehen wollen und was Sie anzubieten haben. Das sind die richtigen Voraussetzungen, sich der neuen konkreten Aufgabe zu stellen: Jetzt kommt der Moment, sich schriftlich vor- und darzustellen.

Verdeutlichen Sie sich: Sich be-werben bedeutet, Werbung für Ihre Person und Ihre Dienstleistung, d.h. für Ihre Arbeitskraft zu machen. Mit der schriftlichen Bewerbung geben Sie eine Art Visitenkarte und erste Arbeitsprobe und erzeugen damit einen ersten Eindruck bei dem potentiellen Arbeitgeber bzw. seinen Vertretern (Personalchef, Sekretärin etc.). Daß dieser wichtige erste Eindruck positiv sein sollte und Ihnen deshalb zu einer Einladung, zu einem Auswahltest und besser noch, zu einem Bewerbungsgespräch verhilft, ist das erklärte Ziel.

Schriftliche Bewerbungssituationen sind Ihnen vielleicht schon aus einem ganz anderen Bereich vertraut: Das Schreiben eines Briefes auf eine Heirats- oder Bekanntschaftsanzeige oder der Liebesbrief an die umworbene, zu erobernde Person weisen (wie bereits erwähnt) durchaus starke Parallelen auf zu der Tätigkeit, mit der Sie sich jetzt auseinandersetzen müssen.

● *Darf ich mal eine Zwischenfrage stellen?*

– Ja, Herr Mühsam, bitte.

● *Wenn mir jemand bei der ersten Begegnung die Hand entgegenstreckt, wir uns also begrüßen, nehme ich die Hand und schüttle ich sie oder soll ich es ohne Schütteln machen, also beim ersten Mal beispielsweise?*

– Wir möchten diese Frage, wenn Sie gestatten, noch etwas zurückstellen, Herr Mühsam. Zum Vorstellungsgespräch kommen wir ja noch später.

Zur Sache – Ein Übungs(bei)spiel

Zum möglichst praxisnahen Einstieg in das Thema Bewerbungsanschreiben bieten wir Ihnen zunächst das folgende Übungsspiel an – indem wir die Rollen umkehren. Jetzt sind Sie einmal in unserer Rolle, der Position des Bewerbungsberaters.

Der Bewerber, den Sie beraten, heißt Klaus Peter Piff und ist Diplom-Designer. Sie bekommen die Original-Anzeige, auf die er sich bewirbt sowie fünf verschiedene Entwürfe für Bewerbungsanschreiben. Entdecken Sie Fehler und Schwächen und entscheiden Sie, welches Bewerbungsanschreiben die meisten Chancen auf Erfolg hat.

Hier der Text der Stellenanzeige in der *Süddeutschen Zeitung* vom 8. 5. 93:

Aufstiegschancen bei Löwenreuth

Die Löwenreuth AG gehört zu den größten Herstellern von Glas und Porzellan auf dem internationalen Markt.
Diese Spitzenposition haben wir nur durch die hohe Qualität unserer Produkte erreichen können.
Unser Unternehmen gliedert sich in drei Bereiche:

Porzellan und Glas für den Haushalt
Porzellan für die Gastronomie
Porzellan für technische Anwendung

Wir suchen

einen Assistenten, eine Assistentin
für den Bereich: Porzellan und Glas für den Haushalt.

Er, Sie sollte Betriebswirt/in sein (gewünschte Fachrichtung: Marketing) und über gute Fremdsprachenkenntnisse (Französisch, Englisch) verfügen.

Für die Produktionsentwicklung (zwischen Design – Vertrieb – Technik) suchen wir einen Koordinator, eine Koordinatorin.

Wir erwarten

ein sicheres Ästhetikgefühl, Marketing-Denken, Organisationstalent und Fremdsprachenkenntnisse (Englisch).

Unsere neuen Mitarbeiter sollten zwischen 25 und 35 Jahre alt sein. Erfahrungen im Wohnbereich oder im Bereich der gehobenen Gebrauchsgüter sind von Vorteil. Eintritt so bald wie möglich.

Wir bieten

die den Positionen entsprechende Bezahlung und gute soziale Leistungen. Sie finden nach Einarbeitung und Bewährung einen interessanten Arbeitsplatz.

Ihre Bewerbung mit handgeschriebenem Lebenslauf, Lichtbild und Zeugnisabschriften richten Sie bitte versehen mit dem Stichwort »Assistent« oder »Koordinator« an:

Löwenreuth AG,
Personalabteilung, Herr Sturm, Ludwigslust 3, in 8673 Seib.

Anschreiben 1

Klaus Peter Piff, Diplom Designer
Maienburger Allee 123
1000 Berlin 10 12.5.93

Tel: 030-391 23 54

An die
Löwenreuth AG
Personalabteilung
z.Hdn.: Herr Sturm
Ludwigslust 3

8673 Seib

Koordinator

Sehr geehrte Damen und Herren,

in der Süddeutschen Zeitung am Samstag, dem 8.5.92, habe ich gelesen, daß Sie einen Koordinator suchen. Diese Aufgabe reizt mich, ich möchte mich Ihnen vorstellen:

Ich habe vor meinem Design-Studium in Berlin 4 Semester Maschinenbau an der TU in Hamburg studiert und mir dadurch ein ganz gutes allgemeines technisches Verständnis erwerben können.

Mein Design-Studium konnte ich Anfang diesen Jahres mit der Gesamtprüfungsnote »sehr gut« erfolgreich abschließen. Schwerpunkt meiner Ausbildung war das Industrie-Design bei Prof. Lang.

Schon während meines Studiums beschäftigte ich mich längere Zeit mit dem Thema Porzellan und gestaltete bei Herrn Prof. Dr. Kupetz ein Kompaktgeschirr und bei Herrn Prof. Dr. Baumann einen Trinkbecher. Außerdem erarbeitete ich unter der Betreuung von Herrn Sudrow und Herrn Prof. Dr. Kupetz ein Eßbesteck.

Eine schriftliche Arbeit von mir hatte den Abriß der Eß- und Tischkultur in Deutschland zum Thema.

Ich glaube, daß meine technischen Kenntnisse und die im Studium erworbenen Fähigkeiten als Industrie-Designer mir zugute kommen werden, um als Koordinator der Produktentwicklung bei den Schwierigkeiten vermitteln zu können, die nun mal auf dem Weg vom Entwurf bis zur Serienproduktion immer wieder auftreten werden.

Über die Gelegenheit zu einem persönlichen Gespräch würde ich mich freuen.

Mit freundlichen Grüßen

Klaus Peter Piff

Anschreiben 2

Klaus Peter Piff, Diplom Designer
Maienburger Allee 123
1000 Berlin 10 12.5.93

Tel: 030-391 23 54

An die
Löwenreuth AG /Personalabteilung
z.Hdn. Herrn Sturm
Ludwigslust 3

8673 Seib

Ihre Anzeige vom 8. 5. 93, Stichwort: Koordinator

Sehr geehrter Herr Sturm,

Sie bieten einen Arbeitsplatz als Koordinator an. Ihre Aufgabenbeschreibung klingt sehr interessant für mich.

Ich bin Industrie-Designer und habe mein Studium Anfang des Jahres in Berlin mit der Gesamtnote »sehr gut« abgeschlossen.

Vor Aufnahme des Design-Studiums studierte ich vier Semester Maschinenbau. Schwerpunkt meines Design-Studiums waren u.a. Porzellan und verschiedene Entwicklungsstudien für Kompaktgeschirr, Eßbesteck und Trinkbecher, die ich unterstützt durch den Prof. Kupetz anfertigen konnte.

In diesem Zusammenhang fertigte ich auch eine schriftliche Arbeit zum Thema »Eß- und Tischkultur in Deutschland« an.

Aufgrund meiner technischen Kenntnisse und der Fähigkeiten, die ich während meines Designer-Studiums erwerben konnte, glaube ich als Koordinator der Produktentwicklung sehr gut bei den zu erwartenden Schwierigkeiten zwischen den unterschiedlichen Abteilungen vermitteln zu können. Meine ruhige Art und die Bereitschaft zuhören zu können werden mir dabei sicherlich auch sehr helfen.

Meine Frau und ich sind übrigens in Franken geboren und aufgewachsen. Gerne würden wir von Berlin nach Seib umziehen.

Sicherlich gibt es noch viele Fragen und ich würde mich freuen wenn die Möglichkeit bestände, in einem persönlichen Gespräch diese zu klären.

Hochachtungsvoll

Anlagen

Anschreiben 3

Klaus Peter Piff
Maienburger Allee 123
1000 Berlin 10

12.5.93

An die
Löwenreuth AG
z.Hdn. Herrn Sturm, Personalabteilung
Ludwigslust 3

8673 Seib

Ihre Anzeige in der Süddeutschen Zeitung vom 8.5.93
Stichwort: Koordinator

Sehr geehrter Herr Sturm,

Ihre kurze Arbeitsplatzbeschreibung – Koordinator der Produktentwicklung – habe ich mit großem Interesse gelesen und möchte mich Ihnen vorstellen:

Ich bin Industrie-Designer, 30 Jahre alt und habe mich schon während meines Studiums schwerpunktmäßig mit dem Werkstoff Porzellan beschäftigt. Bei Prof. Kupetz an der HdK in Berlin konnte ich verschiedene Entwicklungsstudien für Kompaktgeschirr, Eßbesteck und Trinkbecher anfertigen. In diesem Zusammenhang ist auch eine schriftliche Arbeit von mir zum Thema »Eß- und Tischkultur in Deutschland« entstanden.

Vor meinem Design-Studium, studierte ich aufgrund meines starken technischen Interesses vier Semester Maschinenbau an der TU Hamburg. Dies würde mir sicherlich bei der von Ihnen angebotenen Aufgabe zugute kommen.

Meine ruhige Wesensart und die Fähigkeit zuhören zu können, sind neben meinem Ausbildungshintergrund Industrie-Design weitere Argumente, warum mich Ihr Arbeitsplatzangebot als Koordinator für die Produktentwicklung anspricht. Ihrem Wunsch nach baldiger Arbeitsaufnahme kann ich relativ schnell, spätestens zum nächsten Quartalsbeginn, entsprechen.

Übrigens: Einen Umzug von Berlin nach Seib könnten wir, meine Frau und ich, uns sehr gut vorstellen. Wir sind ganz in der Nähe von Seib aufgewachsen.

Über eine Einladung zu einem persönlichen Gespräch würde ich mich sehr freuen.

Mit freundlichen Grüßen

PS: Sie erreichen mich telefonisch unter 0 30/3 91 23 54.

Anschreiben 4

Klaus Peter Piff
Maienburger Allee 123
1000 Berlin 10 12.5.93

Tel: 030-391 23 54

An die
Löwenreuth AG /Personalabteilung
z.H. Herrn Sturm
Ludwigslust 3

8673 Seib

Koordinator
Anzeige in der Süddeutschen Zeitung vom 8.5.93

Sehr geehrter Herr Sturm,

Sie suchen einen Koordinator für Ihre Produktentwicklung. Ich bin Industrie-Designer, 30 Jahre alt, verheiratet und gerne bereit, mich dieser beruflichen Herausforderung zu stellen.

Schon während meines Studiums habe ich mich speziell für Porzellan interessiert. Entwicklungsstudien für Kompaktgeschirr, Trinkbecher und Eßbesteck gehörten u.a. zu meinen Schwerpunktarbeiten bei Prof. Kupetz an der HdK in Berlin. Hier entstand auch eine Facharbeit zur »Eß- und Tischkultur in Deutschland«.

Ein viersemestriges Maschinenbau-Studium in Hamburg verdeutlicht mein technisches Interesse und wird mir bei der von Ihnen beschriebenen Aufgabe nützlich sein.

Marketing-Denken ist mir als Industrie-Designer nicht fremd und mein Organisationstalent habe ich kürzlich wieder in einer Initiativgruppe zur Begrünung unserer Hofanlage bewiesen.

Meine Eigenschaften zuhören zu können, sowie ruhig und ausgeglichen auf andere Menschen zu wirken, sind bestimmt auch von Vorteil, wenn es um die Lösung von Problemen zwischen unterschiedlichen Abteilungen (Design, Technik, Vertrieb) geht.

Da ich über ein halbes Jahr in London gelebt habe, sind meine Englisch-Sprachkenntnisse sehr gut.

Meine Frau und ich stammen übrigens aus der Nähe von Seib, und wir würden gerne wieder in unsere alte Heimat zurückziehen.

Zu einem persönlichen Gespräch stehe ich Ihnen gern zur Verfügung und freue mich über Ihre Einladung.

Mit freundlichen Grüßen

Klaus Peter Piff

Anlagen

Anschreiben 5

Klaus Peter Piff · Maienburger Allee 123 · 1000 Berlin 10 · Tel. 030-391 23 54

An die
Personalabteilung der Löwenreuth AG
z.H. Herrn Sturm
Ludwigslust 3

8673 Seib

Süddeutsche Zeitung vom 8.5.93
Stichwort: Koordinator

Sehr geehrter Herr Sturm,

Ihre Anzeige hat mein Interesse geweckt.

Ich bin Industrie-Designer und habe mich während meines Studiums besonders mit dem Werkstoff Prozellan beschäftigt. Verschiedene Designstudien (Kompaktgeschirr, Trinkbecher) und eine Facharbeit über die Eß- und Tischkultur in Deutschland belegen dies.

Mein technisches Interesse und Verständnis wird durch ein viersemestriges Maschinenbau-Studium deutlich.

Marketing-Denken, Organisationstalent und sehr gute Englischkenntnisse gehören ebenso zu den Eigenschaften, die ich Ihnen für diesen Arbeitsplatz anbieten kann, wie meine Fähigkeit, selbst bei Streß ruhig und gelassen zu bleiben. Hinzu kommt, daß ich von mir behaupten kann, ein guter Zuhörer zu sein.

Da meine Frau und ich ganz aus der Nähe von Seib stammen, würden wir gerne einen Arbeitsplatz in unserer alten Heimat haben.

Sicherlich gibt es noch viele Fragen zu klären und so freue ich mich über die Gelegenheit zu einem Vorstellungsgespräch.

Mit freundlichen Grüßen

PS: Ich wäre sehr schnell in der Lage, bei Ihnen anfangen zu können.

Anlagen: Lebenslauf, Hochschulabschlußzeugnis

Welches Berwerbungsanschreiben wirbt am erfolgreichsten für Klaus Peter Piff? Welches sollte er abschicken? Versuchen Sie zunächst einmal eine eigene Begutachtung und Bewertung, bevor Sie weiterlesen. Diese Übung schult Ihre Sensibilität für formale und inhaltliche Essentials beim Bewerbungsanschreiben!

Unsere Analyse:

Anschreiben 1:
Hier steht reichlich unvermittelt das Wort Koordinator vor der unpräzisen Anrede »... Damen und Herren«, obwohl doch der Brief zu Händen Herrn Sturm gehen soll.

Nach einem fast schon zu ausführlichen Einstiegsabsatz, der in einer falschen Jahreszahl gipfelt, wird ein falscher Anfang gewählt. (Warum zuerst Maschinenbau, die vier wird ausgeschrieben und das Wörtchen »ganz« vor »gut« ist fehl am Platz.)

Aber auch das Weitere läuft schief, inhaltlich wie grammatikalisch (»diesen Jahres«). Die häufige Namensnennung wirkt verwirrend bis peinlich und der »Abriß« der Kultur hat den Charakter einer Stilblüte. Ein zu langer, zu komplizierter Satz und der fehlende Hinweis auf Anlagen sind der krönende Abschluß. »Mega-out«.

Anschreiben 2
Schon deutlich weniger Fehler am Anfang, aber es fehlt der inhaltliche Bezug zum Maschinenbaustudium. Eine bedauerliche Wortwiederholung (»fertigen«), ein etwas gestelzter Abschluß sowie die antiquierte Grußformel lassen das Schreiben insgesamt wenig überzeugend wirken. Der Kandidat wird nicht eingeladen.

Anschreiben 3
Die Plazierung des Absenderblocks ist falsch und die Telefonnummer unter PS mehr als ungewöhnlich. Einleitung und Mittelteil sind recht gut gelungen, bis auf die »schriftliche Arbeit von mir«, die besser zu formulieren wäre. Das trifft auch für die »baldige Arbeitsaufnahme« zu. Ansonsten schon deutlich besser als 1 und 2, aber immer noch nicht ausreichend.

Anschreiben 4
Sehr ordentlicher Text, überzeugende Argumentation. Alle in der Anzeige angesprochenen Aspekte wurden aufgegriffen. Diesen Schreiber könnte man einladen.

Anschreiben 5
Ein ungewöhlicher Briefkopf und nicht so gelungene Bezugszeilen sind das Entree und stehen einer inhaltlich gar nicht so schlechten Darstellung gegenüber. Die »Behauptung«, ein guter Zuhörer zu sein, wäre stilistisch zu verbessern, ebenso die nicht gerade sehr ansprechend klingende Abschlußformulierung bezüglich der vielen offenen Fragen. Das PS ist außergewöhnlich, ohne Pluspunkte zu bringen. Der Kandidat ist keinesfalls bei der Einladung erste Wahl.

Nach diesem Praxisbeispiel zurück zu den Grundlagen.

Selbst erfolgreiche Berufsvertreter mit einem wirklich bestechenden Bildungshintergrund scheitern oft kläglich, wenn es in einer Bewerbungssituation darum geht, die eigene Person in schriftlicher Form angemessen zu präsentieren.

Obwohl fast alle Bewerbungsratgeber die formalen Rahmenbedingungen einer schriftlichen Bewerbung ausführlich benennen, werden immer wieder gravierende Fehler gemacht.

Das führt zu dem erschreckenden Ergebnis, daß im Schnitt von 100 eingegangenen schriftlichen Bewerbungen etwa 80 quasi sofort aussortiert werden können, weil grobe formale (Präsentations-)Fehler ein intensiveres Sich-beschäftigen mit dem Bewerber von vornherein nicht lohnenswert erscheinen lassen.

Verdeutlichen Sie sich das einmal: Die Ablehnungsgründe beziehen sich in dieser allerersten Auslesephase überwiegend noch nicht auf inhaltlich-qualitative Aspekte. Daraus läßt sich mit Recht schlußfolgern, daß die perfekte Gestaltung der schriftlichen Bewerbungsunterlagen ein absolutes Muß ist.

Entsprechend sollte sich derjenige, der bereits in dieser Bewerbungsphase nicht die notwendige Mühe und Sorgfalt walten läßt, auf seine Motive hinterfragen lassen. Aus psychologischer Sicht erscheint es uns gerechtfertigt, hier von einer enormen Risikobereitschaft mit Selbstschädigungstendenz zu sprechen (drastisch: als ob Sie als Autofahrer mit abgefahrenen Reifen bei regennasser Straße mit 140 Sachen in eine scharfe Kurve rasen).

Was könnten die versteckten Motive dieses schon im Anfang provozierten Scheiterns sein?

Hintergrund ist vielleicht die mehr oder weniger bewußte Verweigerung einer Anpassungsleistung. Die von Arbeitgeberseite rigide vorgegebenen Gestaltungsregeln provozieren bei manchen Bewerbern vielleicht einen mehr oder weniger bewußten Widerwillen, sich diesen Normen gefügig zu unterwerfen.

Ein anders Motiv könnte die unbewußte Strategie sein, die Gefahr von Niederlage, Ablehnung und Kränkung in einer späteren Bewerbungsphase (z.B. Vorstellungsgespräch) aktiv vorwegzunehmen. Dies geschieht, indem man sich selbst vormacht, etwas zu unternehmen und gleichzeitig unbewußt dem Adressaten signalisiert: »Laß' mich in Ruhe, lad' mich gar nicht erst ein, beschäftige Dich nicht intensiver mit mir«.

Das dritte Motiv basiert auf der unbewußten Tendenz, einen notwendigen Statuswechsel möglichst zu vermeiden. Vielleicht will man gar nicht wirklich in diesen oder überhaupt in einen Beruf einsteigen, sondern noch in der (infantilen) Rolle des »ewigen« Studenten verharren. Denn auch dieser Status hat seine angenehmen Seiten und die Perspektive, jeden Morgen früh antreten und seinen Tagesablauf einer Fremdbestimmung überlassen zu müssen, ist keinesfalls nur verlockend.

Die Tendenz, den Beruf oder Arbeitsplatz nicht wirklich haben zu wollen, könnte auch auf der unbewußten Strategie basieren, Partnern oder Angehörigen eine Enttäuschung zuzufügen. Vielleicht ist man in die Ausbildungs- und Berufsrolle gegen die eigene Überzeugung gedrängt worden (»Großvater war Arzt, Vater ist es, natürlich wirst auch Du, mein Sohn, Mediziner!«) und das Bewerbungsversagen ermöglicht jetzt eine späte Rache an den »Lieben« (»Hätte ich doch bloß was Vernünftiges studiert und wäre Lehrer geworden«).

- *Jetzt muß ich Sie doch mal fragen, meine lieben Leserinnen und Leser, ob Sie nicht auch finden, daß die Herren Autoren hier versuchen, Sie ganz schön brutal auf die Couch zu zerren?*
- *Ja, Herr Mühsam, und jetzt sind wieder einmal die Eltern, also wir, Schuld an allem. Ich sehe schon, gleich geht es wieder gegen die Mütter. Dabei wollte ich doch wirklich immer nur das Beste.*

Formale Standards

In der Regel besteht eine schriftliche Bewerbung aus mehreren, den sogenannten »üblichen« Unterlagen:

- das Bewerbungsanschreiben
- der Lebenslauf
- das Foto
- die Zeugniskopien

Weitere Anlagen zum Bewerbungsanschreiben können unter Umständen sein: Zertifikate über besondere Schulungen, Kurse etc., eine Handschriftenprobe, in seltenen Fällen Referenzen/Empfehlungen, das polizeiliche Führungszeugnis.

Wie gesagt: Immer wieder werden bei der schriftlichen Bewerbung Formfehler gemacht. Hier unsere allgemeinen Empfehlungen für die Gestaltung der Bewerbungsunterlagen:

* Verwenden Sie für Bewerbungsanschreiben und Lebenslauf nur gutes weißes, nicht liniertes DIN A4-Papier, das Sie nur einseitig beschreiben.
* Eigenes Briefpapier mit Name und Anschrift (dezentes Design) ist durchaus zu empfehlen (Kosten ca. ab 100 DM aufwärts).
* Benutzen Sie für beide Schreiben (wenn nicht ausdrücklich handschriftlich verlangt) eine Schreibmaschine mit gutem Farbband und Schriftbild bzw. einen Computer mit möglichst gutem Drucker (Schönschrift!).
* Für Ihre Unterschrift (kein Autogramm oder eine Rezeptblock- Arzt-Unterschrift!) empfehlen wir Königsblau aus einem Füllfederhalter oder Tintenschreiber. Rot, grün oder schwarz kommen nicht gut an (nicht politisch gemeint).
* Für Ihre Schreiben gilt: nicht radieren, verbessern, durchstreichen oder mit Tipp-ex korrigieren, besser: neu schreiben.
* Rechtschreibung und Zeichensetzung müssen korrekt sein.
* Achten Sie auf eine übersichtliche, klare Gliederung (Absätze!).
* Wichtig sind gute Platzeinteilung und angemessene Ränder (ca. 4 cm links, ca. 3 cm rechts, dies geben unsere Beispiel-Schreiben aus drucktechnischen Gründen nicht richtig wieder).
* Flecke, Eselsohren, zerknülltes Papier fallen extrem negativ auf, aber alles in Klarsichtfolien »einzuschweißen« ist auch keine Lösung (am schlimmsten: alle Unterlagen in eine Hülle zwängen, aus der sie der Personalchef dann nur mühsam hervorzerren kann).
* Das Anschreiben lose, die anderen Unterlagen am besten in einen biegsamen Plastik-Schnellhefter mit Klarsichtdeckel einheften (Achtung: Farbwahl des Schnellhefters berücksichtigen – schwarz oder pink ist eher ungünstig).
  Reihenfolge der Unterlagen:
  - Lebenslauf (Foto oben rechts, gut festgeklebt)
  - evtl. Handschriftenprobe
  - Hochschulabschluß-Zeugnis (Kopie!)
  - ggf. weitere Schul- oder Ausbildungszeugnisse, Nachweise
  - weitere Unterlagen (s.o.)

  Generell gilt: je wichtiger die Unterlage, das Dokument, desto weiter vorn abheften.
* Für die Anlagen (Zeugnisse etc.) nur gute, neue Fotokopien verwenden (nicht solche, denen man eine mehrfache Postreise ansieht).
  Achtung: Verwenden Sie keine Original-Zeugnisse oder -Bescheinigungen (nur Anschreiben, Lebenslauf und Handschriftenprobe müssen Originale sein).
* Machen Sie sich Fotokopien von allen Unterlagen, die Sie verschicken, damit Sie nach sechs oder acht Wochen noch wissen, was man von Ihnen weiß bzw. auf dem Tisch hat.
* Verwenden Sie für die postalische Zusendung aller Unterlagen einen stabilen DIN A4-Umschlag; das Bewerbungsanschreiben lose auf den o.g. Schnellhefter legen.

* Achten Sie auf die korrekte Umschlaggestaltung – keine innovativen Experimente bei Adresse, Absender, Briefmarkenpositionierung (bloß keine Aufkleber, egal ob für Frieden, Umwelt oder Weihnachten).
* Versandart: Ganz normal, nicht per Expreß (= zu sehr drängelnd) oder gar Einschreiben-Rückschein (= Zwangscharakter).
* Wichtig: die richtige Frankierung.
* Bevor Sie alles abschicken, empfiehlt sich ein letzter Check durch eine von Ihnen ausgewählte »Personalkommission«.

Jetzt im einzelnen zu den drei Säulen der schriftlichen Bewerbung: Bewerbungsanschreiben – Lebenslauf – weitere Unterlagen:

Werbung in eigener Sache

Das Bewerbungsanschreiben ist Ihre Visitenkarte, eine Art erste Arbeitsprobe, und kann Ihre Chancen, den gewünschten Arbeitsplatz zu bekommen, erheblich verbessern, wenn Sie hier gut argumentieren und formulieren.

Es ist durchaus nicht außergewöhnlich, angesichts der Bedeutung einer Bewerbung allein für das Anschreiben acht Stunden Zeit und mehr zu investieren. Profis entwickeln übrigens drei alternative Anschreiben, um diese einer selbst ausgewählten »Personalkommission« vorzulegen. Durch Tips und Kritik von anderer Seite läßt sich das Bewerbungsanschreiben wesentlich optimieren und immer »fehlerfreier« gestalten.

Bedenken Sie: Es geht um den ersten guten Eindruck durch das Bewerbungsanschreiben. Dabei kann Ihnen die folgende Grundformel aus der Werbepsychologie behilflich sein: A I D A.

- *Jetzt kommen die uns auch noch mit Wagner-Opern, ist das nicht furchtbar, Herr Mühsam.*
- *Verdi, Frau Voss, Verdi.*

AIDA steht für:

A = attention (Aufmerksamkeit erzeugen)
I = interest (Interesse wecken)
D = desire (Wunsch zur Vorstellungsgesprächs-Einladung auslösen)
A = action (die Handlungsaktivität provozieren)

Ihr Ziel ist es, durch das Bewerbungsanschreiben und die beigefügten Unterlagen eine Einladung zum Vorstellungsgespräch oder wenigstens erstmal zum Test (wenn dieser sein muß) zu erhalten. Das AIDA-Modell ist eine hilfreiche Leitlinie für den Aufbau Ihres Bewerbungsanschreibens:

Es kommt darauf an, in kurzer, komprimierter Form alle wichtigen Argumente, die für Sie sprechen (und zu einer Einladung führen könnten) gut formuliert vorzutragen. Der Leser soll neugierig gemacht werden auf Ihre weiteren Unterlagen und damit natürlich auf Sie als Person. Der Wunsch, Sie kennenzulernen, muß entstehen.

Häufig treffen »Arbeitvergeber« schon beim Lesen der ersten Seite des Bewerbungsanschreibens die Entscheidung, ob sie sich weiter für Sie und Ihre beigefügten Unterlagen interessieren, oder gleich das nächste Bewerbungsschreiben in die Hand nehmen und Ihnen eine Absage erteilen (»Time is money«).

Neben den oben erwähnten wichtigen formalen Regeln sollten Sie bei Ihrem Bewerbungsanschreiben vor allem das alte Sprichwort *In der Kürze liegt die Würze* berücksichtigen und nicht mehr als eine Seite schreiben (optimale Lösung). Eineinhalb bis maximal zwei Seiten sind in besonderen Fällen vielleicht gerechtfertigt, erzeugen aber beim eiligen Leser Ungeduld. Wer drei Seiten oder gar mehr schreibt, bringt sich um jede Chance. Erzählungen oder ganze Romane sind für den weiteren Bewerbungsverlauf absolut »tödlich«. Es soll Personalchefs geben, die die eingegangenen Unterlagen erst einmal auf die Briefwaage legen und bei klarem »Übergewicht« mit dem Vermerk »Absage« versehen.

ZUR INHALTLICHEN GESTALTUNG DES BEWERBUNGSANSCHREIBENS

Nehmen Sie zunächst Bezug auf den Text im Stellenangebot (wenn es sich um ein Bewerbungsschreiben auf eine Anzeige hin handelt) oder den sonstigen Bewerbungsanlaß (z.B. bei einer unaufgeforderten Bewerbung oder nach einem Telefonat).

Welche Argumente sprechen dafür, daß Sie der richtige Bewerber für die zu besetzende Stelle sind? Was sind Ihre Qualifikationen und Qualitäten (Kenntnisse, Fähigkeiten, Eigenschaften), besonders diejenigen, die den im Anzeigentext genannten Anforderungen entsprechen?

Warum bewerben Sie sich (Motivation), was ist Ihr Ausgangspunkt, und was sind Ihre Ziele? (Ggf.: Ab wann sind Sie verfügbar?)

Nach diesen ca. vier bis maximal acht oder zehn gut formulierten, überzeugenden Sätzen endet Ihr Bewerbungsanschreiben (hoffentlich nur eine Seite!) mit der Bitte um ein Vorstellungsgespräch, der Grußformel, Ihrer Unterschrift und dem Hinweis auf die Anlagen.

Schematisch stellt sich das so dar:

(1 Leerzeile)
Vorname, Name — Ort, Datum
Straße, Hausnummer
Postleitzahl, Ort
Vorwahl- / Telefonnummer

(4 Leerzeilen)
Firmen-/Institutionsname
z.Hdn. Frau/Herrn ...
Straße, Hausnummer bzw. Postfach
(1 Leerzeile)
Postleitzahl, Ort

(3-4 Leerzeilen)
Bezugszeile (»Betr.:« zu schreiben ist heute unüblich!)

(2-3 Leerzeilen)
Anrede (wenn nicht namentlich bekannt: »Sehr geehrte Damen und Herren«)
(1 Leerzeile)
Text (wie oben beschrieben, nicht zu lange Sätze, mit Absätzen strukturieren)
(1 Leerzeile)
Grußformel (üblich: »Mit freundlichen Grüßen«)

(2-3 Leerzeilen)
Unterschrift (Vor- und Nachname)
(Warnung vor dem Graphologen – keine Autogramme schmieren)

(2-4 Leerzeilen)
Anlagen (evtl., wenn noch Platz: beigefügte Unterlagen aufführen)

A UND O

beim Bewerbungsanschreiben ist ein gelungener »Auftakt« und ein guter »Abgang«. Aller Anfang ist schwer – aber gerade beim Bewerbungsanschreiben ist eine gute Eröffnung ähnlich wie beim Schach sehr wichtig. Typische und sehr langweilige Eröffnungen sind: »Hiermit bewerbe ich mich um ...« oder »Ich beziehe mich auf Ihre Anzeige ...«

Beim Briefende werden schon weniger Fehler gemacht, aber auch hier gilt es, verbindlich-freundlich und gut zu formulieren.

Hier zunächst einige Beispiele, die eine etwas elegantere Eröffnung gestatten:

* In Ihrer Anzeige vom ... suchen Sie einen ...
* Sie beschreiben eine berufliche Aufgabe, die mich besonders interessiert ...
* Ich beziehe mich auf die von Ihnen ausgeschriebene Position ...
* Mit großem Interesse habe ich Ihre Anzeige gelesen und möchte mich Ihnen als ... vorstellen ...
* Sie suchen einen ...
* Ich bin ... und habe mit großem Interesse ... gelesen ...
* Die von Ihnen ausgeschriebene Position/Aufgabe ...
* Ich stelle mich Ihnen als ... vor und habe großes Interesse an ...

Hier einige Vorschläge für Abschlußformulierungen:

* Wenn ich Ihr Interesse geweckt habe, würde ich mich über eine Einladung zu einem Vorstellungsgespräch sehr freuen.
* Wenn Ihnen meine Bewerbungsunterlagen zusagen, stehe ich Ihnen gern zu einem Vorstellungsgespräch zur Verfügung.
* Sollten Sie nach Durchsicht der Unterlagen weitere Informatioen bzw. ein erstes persönliches Gespräch wünschen, so stehe ich hierfür gern zur Verfügung.
* Ich würde mich freuen, wenn Sie mich nach Prüfung der Unterlagen zu einem Vorstellungsgespräch einladen. Hier könnten wir dann weitere Details wie Eintrittstermin und Anfangsgehalt besprechen.
* Für alle weiteren Auskünfte stehe ich Ihnen gerne in einem persönlichen Gespräch jederzeit zur Verfügung.

SCHRIFTLICHE BEWERBUNGSSONDERFORMEN

Nachdem wir ausführlich die häufigste Bewerbungsform dargestellt haben, sind hier noch einige Sonderformen zu benennen:

- die Bewerbung auf eine Chiffre-Anzeige
- die Kurzbewerbung
- die unaufgeforderte Bewerbung

Chiffre-Anzeigen haben die Funktion, den Inserenten und potentiellen Arbeitgeber zunächst anonym zu lassen, ihn zu schützen. Dies geschieht in der Regel aus folgenden Gründen: Man möchte die durch ein zu frühes Bekanntwerden des »Personalkarussels« (einige springen rauf, andere fliegen runter) ausgelöste Unruhe unter den Mitarbeitern vermeiden; man expandiert, verändert etwas in den Abteilungen und will es nicht jeden (insbesondere nicht die Konkurrenz) wissen lassen; man hat als Unternehmen einen unbedeutenden Namen oder ein derzeit beschädigtes Image und versucht auf diese Weise, eine mögliche Bewerbungshemmschwelle zu umgehen.

Auf Chiffre-Anzeigen kann man mit einer **Kurzbewerbung** reagieren. Eine Kurzbewerbung enthält lediglich das Bewerbungsanschreiben mit allen oben dargestellten wichtigen Fakten und Argumenten zu Ihrer Qualifikation und Bewerbungsmotivation, jedoch bis auf einen eventuell beigefügten Lebenslauf (Kurzfassung) mit Foto noch keine weiteren Unterlagen. Es ist sogar durchaus nicht unüblich, lediglich eine oder auch nur eine halbe Seite als Antwort zu schicken und bei der Kurzbewerbung zunächst auf den Lebenslauf zu verzichten. Im Bewerbungsanschreiben sollte jedoch die Formulierung enthalten sein, daß Sie gerne auf Wunsch die ausführlichen Bewerbungsunterlagen nachreichen.

Eine Kurzbewerbung kann auch bei einer **unaufgeforderten Bewerbung** angemessen sein. Eine Kurzbewerbung dient beiden Seiten dazu, schnell abzuklären, wie die Chancen für ein weiterführendes Bewerbungsverfahren aussehen.

Die unaufgeforderte Bewerbung muß natürlich ganz besonders die Dramaturgie der AIDA-Formel berücksichtigen. Hier geht es darum, einen Bedarf zu wecken und einen besonders guten »Verkaufsprospekt« in eigener Sache zu verfassen (vgl. auch S. 55).

- *Frau Voss?*
- *Ja, Herr Mühsam?*
- *Wie handhaben Sie denn das mit dem Handgeben und Schütteln?*
- *Da habe ich mir noch gar keine Gedanken gemacht, Herr Mühsam, aber ich finde, das ist eine hochinteressante Fragestellung.*

LEBENSLÄUFE

Biographische Anpassungsleistungen

Der Lebenslauf ist zusammen mit dem Bewerbungsanschreiben das wichtigste Dokument und Argument, das für oder gegen Sie spricht. Personalausleseprofis sind sogar der Meinung, die Analyse des eingereichten Lebenslaufes stelle die entscheidende »Weiche« für die Einladung zum Vorstellungsgespräch. Bei einer von uns durchgeführten Befragung der Personalabteilungen führender deutscher Unternehmen gaben fast 50% an, die Lebenslaufanalyse als Auswahlverfahren bei Personalentscheidungen einzusetzen.

Somit darf man sich nicht wundern, wenn für die sorgfältige Formulierung dieses Bewerbungsabschnittes wiederum acht und mehr Stunden aufgewendet werden müssen.

Im Gegensatz zur landläufigen Meinung gibt es übrigens bei der Bewerbung nicht nur einen ein für allemal feststehenden Lebenslauf, sondern immer mehrere Varianten. Notwendig ist dabei die jeweilige »Anpassung« des Lebenslaufes an die Besonderheiten (z.B. Anforderungsmerkmale usw.) des angestrebten Arbeitsplatzes.

Nachfolgend einige unterschiedliche Beispiele für die formale Gestaltung eines tabellarischen Lebenslaufes. Dabei geht es uns zunächst einmal um die Präsentationsform.

1. Beispiel

Lebenslauf

Foto

Name:	Klaus Peter Piff
Geburtsdatum:	11. 11. 1963
Geburtsort:	Nürnberg
Familienstand:	verheiratet
Kinder:	eine Tochter
Eltern:	Vater: Heiner Piff, Schlossermeister Mutter: Renate Piff, geb. Angst
Geschwister:	1 Bruder, 1 Schwester
Schulbildung:	Volksschule in Berlin, 1969-1975 Gymnasium in Berlin, 1975-1982
Hochschulstudium:	Maschinenbau, Technische Universität Hamburg, 1983-1985 Industrie-Design, Hochschule der Künste, Berlin 1986-1992
Examen:	am 12. 4. 1992, Abschlußnote »sehr gut«
Sprachkenntnisse:	Englisch, Französisch
Weiterbildung:	PC-Kurse I und II an der VHS
Hobbys:	Schach, Klassische Musik, Angeln
Ehrenamt:	seit 1978 Kassenwart einer Kindertagesstätte
Interessen:	PC, soziales Engagement

Berlin, 12. 5. 93

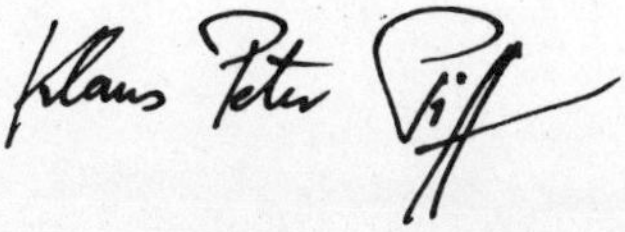

PRAKTISCHE TÄTIGKEITEN

30. 9. – 15. 11. 83	Praktikum bei den Alex-Aluminiumwerken, Hamburg (Gießerei, Modellbauwerkstatt)
Wintersemester 1983/84	Technische Universität Hamburg, Teilnahme am Praktikantenkurs »Fügetechnik«
1. 3. – 30. 4. 84	Lehrwerkstatt der Fa. Piel, Hamburg, Grundkurs Metallbearbeitung, Drehen
4. 4. – 30. 5. 85	Lehrwerkstatt der Emu-Werke, Reinbek, Grundkurs: Fräsen, Hobeln, Schleifen
1. 10. – 30. 10. 88	Praktikum in der Staatlichen Porzellanmanufaktur Berlin
2. 10. 89 – 15. 2. 90	Praktisches Studiensemester bei WMF Geislingen, Kunststoff- und Metallbearbeitung, Großkaffeemaschinenproduktion Galvanik, Werkzeugbau, Modellbau, Glashütte, Prüflabor
1. 7 – 15. 9. 92	Mitarbeit an der Studie »Edelstahl-Eßbestecke« für die Stiftung Warentest, Berlin
seit 1. 10. 92	Freie Mitarbeit im Design-Studio Berlin, Designstudien zum Thema kinderfreundliches Eßservice

KENNTNISSE

Fremdsprachen	Englisch: fließend Französisch: Schulkenntnisse
Führerscheine	Klassen 1–5
PC	Textverarbeitung, WORD 5.4

2. Beispiel

Lebenslauf

Foto

Persönliche Daten:	Klaus Peter Piff Maienburger Allee 123 1000 Berlin 10 geb. 11. 11. 63 in Nürnberg verheiratet, 1 Tochter Ehefrau: Maria Piff Beruf: Tontechnikerin
Schulausbildung:	1969-1982 Grundschule und Gymnasium mit Abitur in Berlin
Hochschulstudium:	Maschinenbau . . . usw.
Studienschwerpunkte:	
Thema der Diplomarbeit:	
Praktika:	
Außerberufliche Fortbildung:	
Besondere Kenntnisse:	
Ehrenamtliche Tätigkeit:	
Hobbys:	

Berlin, 12.5.93

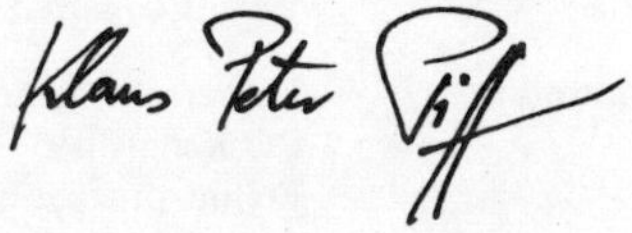

3. Beispiel

Lebenslauf

Foto

Zur Person	
Name	Klaus Peter Piff
Anschrift	Maienburger Allee 123 1000 Berlin 10 Tel. 030-3 91 23 54
geboren am	11. 11. 1963 in Nürnberg-Feucht
Familienstand	verheiratet, eine Tochter
Ehefrau	Maria Piff, von Beruf Tontechnikerin
Schulausbildung Grundschule, Gymnasium	1969 – 1982 (Abitur)
Hochschulausbildung Technische Universität Hamburg	1983 – 1985, Maschinenbau
Hochschule der Künste Berlin	1986 – 1992, Industrie-Design Herbst 1992: Examen (»sehr gut«)
Weiterbildung Beruflich: TU Berlin	Mai 1993 Symposium »Industrieform«
Außerberuflich: VHS Berlin	1992, PC-Kurs I und II
Besondere Kenntnisse:	Führerscheine der Klassen 1-5 PC-Kenntnisse Fremdsprachen (Englisch, Französisch)
Ehrenamtliche Tätigkeit:	seit 1978 Kassenwart einer Kindertagesstätte
Hobbys:	Schach, Klassische Musik, Angeln
Berlin, 12. 5. 93	Klaus Peter Piff

Es gibt vielfältige Formen der Lebenslaufpräsentation, von akribischen Auflistungen einzelner Daten – angefangen beim ersten Schultag bis hin zum Abschlußexamensdatum. Als Hochschulabsolvent haben Sie naturgemäß die meisten Schwierigkeiten beim Nachweis von Berufserfahrung. Hier ist in unserem ersten Beispiel durch das Beifügen einer Extraseite mit der Überschrift »Praktische Tätigkeiten« diesem Problem Rechnung getragen worden.

Sie können aber auch Studienschwerpunkte, schriftliche Arbeiten, die Prüfungsthemen Ihrer Examina und Abschlußarbeiten mit ins Feld führen, um herauszustreichen, was Sie von anderen Bewerbern positiv für diesen Arbeitsbereich unterscheidet.

FORM, GLIEDERUNG, INHALT

Worauf kommt es an? Die wichtigen Informationen und Argumente, die für Sie sprechen, müssen klar und übersichtlich geordnet sein. Man bevorzugt heute maschinengeschriebene tabellarische Lebensläufe, die möglichst nicht länger als eine Seite, maximal zwei Seiten lang sein dürfen. Dabei sind Sie in der graphischen Gestaltung relativ frei. Ausformulierte oder mit der Hand geschriebene Lebensläufe sind nur auf ausdrückliche Anforderung (maximal 1-2 Seiten) anzufertigen.

Dem Lebenslauf will man entnehmen, ob Sie sowohl wegen Ihrer fachlichen Kompetenz wie auch aufgrund Ihrer Persönlichkeit (auch: Hobbys, Interessen) für den angebotenen Arbeitsplatz geeignet sind.

So schreibt ein für Personalchefs verfaßtes schlaues Buch: »Der Lebenslauf ist wohl diejenige Unterlage, die uns (den Arbeitgebern) den größten Einblick in die Gesamtentwicklung des Bewerbers ermöglicht und einige wesentliche Lebensstrukturen – und damit meistens auch Charakterstrukturen – aufzeigt... Versteht man es, den Lebenslauf richtig zu lesen und sich Gedanken über Hintergründe und Antriebe, Leitmotive und Umweltbedingungen des Lebenslaufes zu machen, so ist er interessant und spannend wie das Leben selbst« (Raschke/Knebel, Taschenbuch für Bewerberauslese, S.15).

Das bedeutet für Sie eine Chance, mit zusätzlichen Qualifikationen zu glänzen und aus der Masse hervorzutreten. Vielleicht haben Sie als Gasthörer besondere Vorlesungen besucht, vielleicht haben Sie an Wettbewerben teilgenommen und gewonnen, Auslandsaufenthalte oder besondere Praktika absolviert – der entscheidende Gedanke ist:

Was könnte Sie bei dem angestrebten Arbeitsplatz in den Augen des Personalauslesers interessant machen, aufwerten, von anderen Mitbewerbern positiv unterscheiden? Vielleicht ist es ja das besondere Image Ihrer Schule oder Uni, Ihrer Professoren oder einer Mitgliedschaft (in Vereinen usw.), das beim Leser Ihrer Unterlagen »ein Glöckchen klingeln« läßt (hoffentlich das richtige). Aber seien Sie gewarnt, übertreiben Sie nicht, manchmal ist weniger mehr.

Auch wenn das für Sie – am Anfang Ihres Berufsweges stehend – noch nicht in extenso zutrifft, ist folgendes gut zu wissen:

Personalchefs und Arbeitgeber versuchen, den Lebenslauf vor allem unter zwei Aspekten zu analysieren: Zeitfolge- und Positionsanalyse.

Bei der **Zeitfolgeanalyse** geht es um zeitliche Lücken und Arbeitsplatzwechsel, hinter denen Ungutes vermutet wird. Findet ein Arbeitsplatzwechsel in kurzen Abständen statt (deutlich unter 5 Jahren) mutmaßt man Schwierigkeiten, mangelndes Durchhaltevermögen etc. Dies wird bei jüngeren Bewerbern anders interpretiert als bei älteren. Wechselt man nach 10 oder 15 Jahren, kann einem dies nun aber auch wieder negativ ausgelegt werden (z.B. mangelnde Risikobereitschaft, verminderte Flexibilität, zu geringe Lern- und Anpassungsfähigkeit).

Bei der **Positionsanalyse** geht es um Auf- bzw. Abstieg, Berufs- bzw. Arbeitsgebietswechsel. Hier kommt es auf die Geradlinigkeit und Folgerichtigkeit an. Wurde ziellos gewechselt? Wurden die Arbeitsgebiete ohne inneren Zusammenhang gewählt? Hat man es mit einem »Hans Dampf in allen Gassen« zu tun? Oder zeichnet sich ein Bild konsequenter, klarer Laufbahnplanung ab, was zugunsten der Motivations- und Leistungsbereitschaft des Bewerbers interpretiert werden kann?

Was bei der Gestaltung des Lebenslaufes von Ihnen verlangt wird, ist eine Anpassungsübung. Sie mögen noch so qualifiziert sein, mit einem fehlerhaften – nicht normgerechten – Bewerbungsanschreiben werden Sie erst gar nicht zum Vorstellungsgespräch eingeladen. In zu legerer Freizeitkleidung zu einem solchen Termin zu erscheinen, ist ebenfalls »unangepaßt«, macht einen negativen Eindruck und bringt Sie schnell aus der engeren Wahl.

Und dennoch: Inwieweit Sie sich anpassen und in ein bestimmtes Bild einfügen (wollen), bestimmen Sie (oder Ihr Bankkonto bzw. andere zwingende Umstände).

Folgendes Schema hat sich bei der tabellarischen Lebenslaufdarstellung bewährt und sollte Ihnen zur Anregung bzw. zur Weiterentwicklung dienen:

1. Persönliche Daten
- Vor- und Zuname
- Anschrift/Telefon (muß nicht sein)
- Geburtsdatum und Ort
- Religionszugehörigkeit (muß nicht sein)
- Familienstand, ggf. Zahl und Alter der Kinder
- ggf. Name und Beruf des Ehepartners (muß nicht unbedingt sein)
- Staatsangehörigkeit (aber nur, wenn man/frau nicht aus diesem unserem Land ist)

2. Schulausbildung
- besuchte Schulen (Typen)
- Schulabschlüsse

alle Informationen möglichst mit Zeitangaben

3. Hochschulstudium
- Fach/Fächer
- Universität
- Schwerpunkte
- Thema der Examensarbeit / ggf. Promotion
- Art der Examina

4. Ggf. Berufsausbildung
- Art der Berufsausbildung
- Ausbildungsfirma/-Institution, evtl. mit Ortsangabe
- Abschluß, evtl. mit Hinweis auf besonderen Erfolg

besser mit Zeitangaben

5. Ggf. Berufspraxis
- Berufsbezeichnungen, Positionen, evtl. Kurzbeschreibung
- Arbeitgeber mit Ortsangaben
  alles mit Zeitangaben

6. Ggf. berufliche Weiterbildung
alles, was der Berufspraxis genützt hat

7. Ggf. außerberufliche Weiterbildung
z. B. nachgeholter Schulabschluß, aber aufgepaßt bei anderen Kursen: Fremdsprachen ja, Psycho- oder Astrokurs an der VHS – Vorsicht: welches Bild entwerfen Sie möglicherweise von sich?

8. Besondere Kenntnisse
z. B. Fremdsprachen, EDV, Führer- u. andere Scheine, aber auch hier Vorsicht und überlegen, welches Bild man von sich abgibt

9. Sonstiges, Hobbys (gern künstlerisch), ehrenamtliches und/oder soziales Engagement, selbst Sport (wichtig), sogar politisch (nur die richtige Richtung muß es natürlich sein)
will alles gut überlegt sein und sollte irgendwie zu Ihnen und Ihrer Bewerbung um den speziellen Arbeitsplatz passen. Hier kann auch noch eine kleine Botschaft, Erklärung etc. untergebracht werden, wenn Platz ist und Sie eine gute Idee dazu haben (und sich damit nicht noch zu guter Letzt schaden)

10. Ggf. Sonderinformationen über
- Auslandsaufenthalte während Schulzeit/Studium/Berufstätigkeit
- ggf. Praktika/Aushilfstätigkeiten/Neben- u. Ferienjobs usw.

11. Ort, Datum, Unterschrift
bloß keine ehrenrührigen Erklärungen, Versicherungen etc.

und ein gutes **Foto**, am besten oben rechts (Rückseite mit Namen versehen – für den Fall der Fälle) gut festgeklebt, nicht geklammert oder gar geheftet (Wie gehen Sie mit sich um!), runden den Lebenslauf so richtig ab.

Eigentlich versteht es sich von selbst, daß Angaben über die Glaubensrichtung, politische Orientierung/Aktivität (Ausnahme: Bewerbungen bei Tendenzunternehmen), Vermögensverhältnisse und den Gesundheitszustand nicht in den Lebenslauf gehören. Das wird evtl. später – unzulässigerweise – im Personalfragebogen oder im Vorstellungsgespräch ausgeforscht.

Wer Ihre Eltern sind und was diese beruflich tun bzw. getan haben, mag in ländlichen Gegenden einen Kleinfirma-Inhaber vielleicht beeindrucken, möglicherweise schüren Sie aber auch Neid oder andere Vorurteile. Wir raten ab. Ähnlich sehen wir die Problematik beim Thema Lebenslauf/Geschwister.

Zu guter Letzt: Ihnen ist es sicherlich schon längst klar: So einen Lebenslauf kann man in der Regel nur ein einziges Mal für eine gezielte Bewerbung verwenden. Er muß, wenn er wirklich überzeugen soll, individuell auf den angebotenen Arbeitsplatz zugeschnitten sein und entsprechend frisch wirken.

Also keine Kopie schicken – aber für sich selbst eine machen und gut aufheben, damit man im Einladungsfall weiß, was der Arbeitgeber von einem schwarz auf weiß in der Hand hält. Das Gedächnis kann doch recht trügerisch sein, darum sollte man sich auf einen Vorstellungstermin mit eben dieser Kopie des Lebenslaufes noch einmal gut vorbereiten.

- *Ich finde diesen Vorschlag mit der Fotokopie ganz ausgezeichnet, meine Herren, liebe Leser. Ich gebe eigentlich seit Jahren schon nichts mehr ohne Fotokopie aus der Hand. Sie kennen doch bestimmt das Lenin-Wort: Vertrauen ist gut, Kontrolle ist besser.*

– Danke für das Kompliment, Herr Mühsam.

BEILAGEN

Fotos und andere wichtige Dinge

Wir sprachen eben schon davon: zu jedem guten Bewerbungsschreiben gehört unbedingt ein gutes Foto. Wer mit seinem Foto Sympathie mobilisieren kann, hat einfach die besseren Chancen. Die Macht der Bilder (hier Ihres Fotos) sollten Sie nicht unterschätzen, und so ist auch an dieser Stelle wieder einmal höchste Sorgfalt und noch etwas mehr (Engagement, Einfühlungsvermögen) angezeigt.

- *Ein Bild sagt mehr als tausend Worte . . .*
- *Wie recht Sie haben Herr Mühsam!*

Der Weg zum Fotografen lohnt sich. Automaten-Paßfotos sind zwar für ein Drittel des Preises zu haben, aber schließlich geht es ja um etwas. Was sind da (bei Ihrem zukünftigen Gehalt) schon 20 oder 30 DM (vielleicht weniger als 1‰)?

Also keine alten Fotos, Urlaubsbilder oder Schnappschüsse bei der feuchtfröhlichen Familienfeier (letztes Jahr bei Oma ihren 70sten Geburtstag – war doch so schöööön!) oder Fotos, auf denen Sie erklären müssen: »Das da hinten links bin ich, und das vorn ist . . . «, sondern ein ansprechendes professionelles Foto (Format etwa 5,5 x 4 cm oder etwas größer, aber bitte kein Postkartenformat, Stichwort Bescheidenheit . . .).

Wir empfehlen schwarzweiß, aber es darf auch ein Farbfoto sein. Nur eben gut gemacht – also nicht grellbunt mit unnatürlich roten Lippen, die nach »ich weiß nicht was« aussehen, oder auf dem Sie den Eindruck eines Kleindarstellers aus der Gruselkomödie »Wenn Drakula kommt« machen. Schwarzweiß-Fotos wirken in der Regel dezenter, seriöser – aber das sollten Sie mit sich und Ihren Lieben besprechen.

Richtig verkleiden müssen Sie sich zum Fototermin natürlich auch noch. Dennoch bitte nicht vergessen: Sie bewerben sich weder beim Theater noch beim Film, oder?

Überhaupt: Es sollte Ihr Tag (lucky day) sein, wenn Sie sich zum

Besuch eines guten Fotografen entschließen. Dezent geschminkt (die Damen), die berufsangemessene (Ver)Kleidung (Ärzte und Elektroingenieure bitte nicht im weißen Kittel), Haare, Frisur, Bart und überhaupt alles gepflegt, gut gelaunt und dies auch noch ausstrahlend – also nicht, daß man Ihnen ansehen kann, Sie haben soeben ein Strafmandat fürs Falschparken bekommen.

Lassen Sie sich gleich mehrere Male fotografieren und legen Sie die Bilder einigen Freunden und Bekannten vor. Sie werden feststellen: es kristallisiert sich im Laufe der Befragung doch ein Foto heraus (da machen Sie eben so ein Gesicht, so einen Eindruck, als ob ...), das bevorzugen die Leute, also diesem Bewerber würden sie eher den Arbeitsplatz geben, die Aufgabe zutrauen ... Na und das ist es eben, was Sie ja wollen. Mit diesem Foto werden Sie die Herzen der Personalausleser und die Tür zum Vorstellungespräch öffnen.

Nun noch das gute Foto (mit Ihrem Namen auf der Rückseite versehen) richtig auf den Lebenslauf positionierten (siehe oben), festkleben und ab geht die Post.

DIE HANDSCHRIFTENPROBE

Sollte in der Stellenanzeige ein handgeschriebener Lebenslauf oder eine Schriftprobe verlangt werden, können Sie damit rechnen, daß sich ein (Möchtegern-)Graphologe mit Ihrer angeblich aus der Handschrift herauslesbaren Persönlichkeitsstruktur auseinandersetzt. Ob Sie dabei etwas zu gewinnen oder zu befürchten haben, vermögen wir hier von dieser Stelle aus nicht vorherzusagen.

Wir empfehlen Ihnen aber für den Fall, daß etwas Handschriftliches von Ihnen gewünscht wird, die Gelegenheit zu nützen und auf einer Extraseite mit einigen gut plazierten Sätzen Ihrer Bewerbung und Ihren Qualitäten noch einmal Ausdruck zu verleihen. Dieses handgeschriebene Extrablatt fügen Sie dem Lebenslauf bei. Schreiben Sie aber nicht irgendetwas aus der Zeitung ab, oder versuchen Sie sich nicht als Lebenslauf-Romanschriftsteller, sondern nützen Sie die zusätzlichen Zeilen für eine wiederholte Werbebotschaft in eigener Sache.

Den Lebenslauf in handschriftlicher Form anzufertigen ist selbstquälerisch und wird – ob tabellarisch oder ausformuliert – den inhaltlichen Anforderungen schlecht gerecht. Außerdem kann es leicht Platzprobleme (Überlänge) geben. (Weitergehende Informationen zum Thema Graphologie finden Sie in unserem Buch »Das neue Test-Trainings-Programm«, s. S. 172.)

ZEUGNISSE, REFERENZEN, ARBEITSPROBEN

Eigentlich kein Thema für Sie. Arbeitszeugnisse werden Sie sehr wahrscheinlich noch nicht haben und ob Sie ein einfaches Praktikumszeugnis beilegen sollten, erscheint uns hinterfragungswürdig. Lediglich das Abiturzeugnis könnte u.U. auf Interesse stoßen – nicht aber andere Schulzeugnisse.

Referenzen können Sie sich sparen, falls Sie überhaupt daran gedacht haben. Und eine Arbeitsprobe liegt bereits mit Ihrer Bewerbung vor. Von anderen Proben Ihres Könnens sollten Sie zu diesem Zeitpunkt Abstand nehmen. Lohnenswert könnte es aber sein, eine extra Seite einzufügen, auf der Sie eine Kurzzusammenfassung Ihrer Diplomarbeit (Promotion usw.) geben, wenn sich dadurch ein deutlicher Bezug zum angestrebten Arbeitsplatz herstellen läßt.

DER VERSAND

Sie haben nun endlich alle Unterlagen für Ihre Bewerbung komplett fertiggestellt und zusammengetragen. Diese gehören bis auf das Bewerbungsanschreiben am besten in einen schmalen Plastik-Schnellhefter mit Klarsichtdeckel. Dabei ist es nicht notwendig, jedes einzelne Blatt nochmals in eine Klarsichthülle zu tun (das könnte Ihnen als etwas zu zwanghaft ausgelegt werden, ist aber andererseits auch kein wirklicher Fehler).

Wichtig: Das Anschreiben gehört nicht in den Hefter, sondern lose oben draufgelegt. Nun packen Sie – nachdem Sie sich der Vollständigkeit nochmals vergewissert und von allen abzuschickenden Papieren Kopien gemacht haben – das ganze in einen passenden festen DIN A4-Umschlag (ggf. Übergröße), am besten mit verstärktem Papprücken.

Das Anschriftenfeld, Ihr Absender und zu guter Letzt die Briefmarken (achten Sie auf ausreichende Frankierung!) müssen mit der gleichen Sorgfalt behandelt werden wie Ihre Unterlagen. Also hier keine kreativen Experimente (z.B. Briefmarke auf dem Kopf stehend, rotfarbene Umschlagbeschriftung, »Atomstrom – nein danke«, Greenpeace-Aufkleber etc.).

Wählen Sie keine Post-Sonderzustellung (Eilzustellung, Einschreiben). Das erzielt mit Sicherheit keinen positiven Effekt. Sollten Sie dagegen die Möglichkeit haben, Ihre Bewerbungsunterlagen persönlich abgeben zu können, wäre dies eine interessante Chance zu einem kleinen (small) Talk. Vielleicht gelingt es Ihnen, einen positiv bleibenden Eindruck zu machen, so daß man Ihre Unterlagen mit besonderem Interesse durchsieht ... Ein freundliches Gespräch mit der Sekretärin kann Wunder wirken. Unterschätzen Sie nicht die Macht der Frauen. Aber auch der Einfluß der sogenannten kleinen Leute kann größer sein, als Sie vermuten.

● *Ganz meine Meinung, Herr Hesse, Herr Schrader. Ganz meine Meinung!*
– Vielen Dank, Frau Voss.

TESTVERFAHREN

Unheimliche Begegnungen der 3. Art

Egal ob Ein- oder Aufsteiger: Immer mehr Bewerber haben eine unheimliche Begegnung der 3. Art. Ihre Eignung wird auf Teufel komm raus getestet. Intelligenz-, Leistungs-Konzentrations-, Persönlichkeits-Tests und Assessment-Center gilt es ohne psychischen Schaden zu überstehen.

Zunächst aber einmal herzlichen Glückwunsch, Sie sind eine Runde weiter und dem Vorstellungsgespräch einen deutlichen Schritt näher, weil Ihre Bewerbungsunterlagen Anklang gefunden haben.

Jedoch: Ob *Deutsche Bank* (wie später berichtet), *Daimler-Benz, Auswärtiges Amt, Öffentlicher Dienst, BND, Hamburg-Mannheimer, Henkel, Lufthansa, Siemens, Westdeutsche Landesbank,* Personalberatungsfirmen – die Bewerber müssen sich in der Regel bevor sie eine Einladung zu einem Vorstellungsgespräch bekommen, einem Psycho-Test unterziehen, einer nicht zu unterschätzenden Hürde.

Hier ein kleines Geschmacksbeispiel:

Mit den Wochentagen kennen Sie sich aus, aber mit Testaufgaben wie diesen?

> Welcher Tag war vorgestern, wenn der Tag nach übermorgen zwei Tage vor Samstag liegt?
>
> Vielleicht wissen Sie ja, wer Ignatius von Loyola war und was das Gemeinsame von Nashorn und Gänseblümchen ist?

Oder wie steht es bei Ihnen mit logischem Denken und Abstraktionsvermögen? Die Realität ist außer Kraft gesetzt:

> Alle Bleistifte sind Würmer. Würmer können fliegen. Also ...
> Alle Bleistifte können fliegen. Richtig oder falsch?
> Alle Würmer können schreiben. Richtig oder falsch?

Besser noch:

> Jedes Quadrat ist rund, aber alle Quadrate sind rot. Hinzu kommt: Manche Ecken sind auch rot.

Welche der folgenden Aussagen ist formal-logisch richtig?
a) Es gibt Quadrate mit roten Ecken.
b) Es gibt Quadrate mit runden Ecken.
c) Es gibt runde rote Ecken.
d) Ecken in Quadraten sind rund und rot.
e) Rote Quadrate haben runde Ecken.
f) Runde Quadrate sind rot.

Verzweifeln Sie nicht, auch das Lösen solcher Testaufgaben kann gelernt werden (Lösungen zu den obigen Aufgaben siehe S. 83).

- *Jetzt ich mal. Wann lebte Gottfried von Bouillion, wissen Sie das, Frau Voss?*
- *Ja, Herr Mühsam. Als er nichts anderes zu essen hatte.*

Angenommen, Sie bewerben sich für ein Bank-Trainee. Wie würden Sie auf folgende Fragen antworten:

Welcher Beruf würde Sie bei gleichem Gehalt mehr interessieren:
a) Bischof
b) Oberst
c) etwas dazwischen

Ich würde mein Leben, wenn ich es noch einmal zu leben hätte . . .
a) mir genauso wünschen
b) weiß nicht
c) ganz anders planen

Ich kenne bei mir ein starkes Verlangen nach aufregenden und spannenden Erlebnissen.
a) stimmt
b) teils-teils
c) stimmt nicht

Mit solchen und ähnlichen Fragen versucht man, die Bewerberpersönlichkeit zu durchleuchten.

Aber auch beim Vorstellungsgespräch wird getestet, und angehende Führungskräfte müssen bei Bewerbungen einiges ertragen:

Zum Hors d'oeuvre serviert der Kellner in einem Nobelrestaurant Froschschenkel in Weinsoße. Der Personalchef lehnt sich entspannt zurück, lockert die Krawatte, hebt sein Glas Pinot Blanc und wünscht guten Appetit. Der ihm gegenübersitzende Bewerber um den Managerposten in einem Münchner Großbetrieb glaubt, alle Einstellungshürden genommen zu haben.

Zwei Tage lang beantwortete er geduldig jede Frage zu seinem Privatleben, referierte ausführlich über sein Betriebswirtschaftsstudium, kreuzte die Vorgaben in einem »Biographischen Fragebogen« an, löste die Aufgaben des »Intelligenz-Struktur-Tests«, wählte aus 48 Fotos von Geisteskranken und abnormen Persönlichkeiten die ihm sympathischsten aus (Szondi-Test) und behauptete sich in Gruppendiskussionen mit anderen Bewerbern. Zu guter Letzt wird er zum Essen eingeladen.

Der Personalchef nippt noch einmal an seinem Weinglas, räuspert sich und fragt für jedermann im Lokal gut vernehmbar: »Sagen Sie, onanieren Sie eigentlich noch?« Der Bewerber ist verlegen, weiß nicht, was er antworten soll und überlegt, was die Frage mit seinem zukünftigen Job zu tun hat. Er ahnt nicht, daß es von seiner Reaktion, seiner jetzt gezeigten Nervenstärke abhängt, ob er künftig ins Büro oder ins Arbeitsamt geht.

Sollten Sie in Erfahrung bringen, daß ein psychologischer Eignungstest auf Sie zukommt, erfordert dies unbedingt eine sorgfältige Vorbereitung, wenn Sie Ihre Chancen ernsthaft wahrnehmen wollen. Aufgrund der umfangreichen Materie kann dieses Thema in diesem Buch nicht wirklich erschöpfend behandelt werden. Als Autoren der erfolgreichsten Testknackerhandbücher mit einer Auflage von weit über einer halben Million Exemplaren empfehlen wir Ihnen besonders unsere neuesten Bücher zu dieser Thematik (s.S. 172).

Persönlichkeits-Tests – durchleuchtet

Nachdem man in den 70er und 80er Jahren bei der Personalauslese exzessiv Intelligenz- und Leistungs-Konzentrations-Testverfahren eingesetzt hat, kennzeichnen Persönlichkeits-Tests den neuen Trend der 90er Jahre.

Wer möchte nicht wissen, mit wem er es zu tun hat. Angefangen bei sich selbst (wer bin ich?) bis hin zum Gegenüber, dem Lebenspartner, Freund, Freundin, Arbeitskollegen und natürlich insbesondere, wenn es um das Arbeitgeber-/Arbeitnehmer-Verhältnis geht, stellt sich die Frage:

Mit was für einem Menschen habe ich es hier – aus der Perspektive des Arbeitgebers – zu tun? Ergründet werden sollen die Charaktereigenschaften, die Wesenszüge, die Persönlichkeit des Bewerbers. Forschungsgegenstand ist also nicht die Eignung oder Intelligenz, nicht primär die Fähigkeit, eine bestimmte Tätigkeit auszuüben, sondern die Persönlichkeitsmerkmale, die den Bewerber auszeichnen.

Die Persönlichkeit des Bewerbers steht im Vordergrund und spielt bei der Auswahl nahezu die entscheidende Rolle. Intelligenz und Eignung wird fast schon vorausgesetzt, bzw. diese Entscheidungskriterien werden als zweitrangig bewertet. Das jetzt in den Mittelpunkt gerückte Hauptkriterium gipfelt in der Frage: Paßt dieser Bewerber zu uns, fügt er sich möglichst reibungslos in das vorhandene Arbeitsteam ein, ist er ein einsatzbereiter, leicht zu »handhabender«, gut funktionierender potentieller Mitarbeiter?

Dabei geht es dem Arbeitgeber keinesfalls darum, lediglich Querulanten, nicht teamfähige und eigenbrötlerische Bewerber relativ schnell auszusortieren – wofür ja möglicherweise der eine oder andere Leser vielleicht gerade noch Verständnis haben könnte –, sondern es geht darum, als Arbeitgeber einen maximalen Einblick in die Psyche des Bewerbers, in seine allgemeinen Verhaltensweisen, insbesondere aber seine möglichen Verhaltensweisen in bestimmten Situationen (z.B. Konflikten) zu bekommen. Der Bewerber soll quasi durchleuchtet werden. Persönlichkeits-Tests werden eingesetzt, als seien sie Röntgengeräte für die Seele.

Was ist eigentlich Persönlichkeit und/oder Charakter? Hier ist sich die wissenschaftliche Psychologie genau wie bei dem Intelligenzbegriff herzlich uneinig. Es existieren X verschiedene Persönlichkeitsmodelle und -theorien, die sich diesem Spezialgebiet widmen.

Ohne Zweifel hat der Arbeitgeber Anspruch auf eine korrekte Arbeitsleistung des Arbeitnehmers. Dem Ausforschungsinteresse des Personalchefs bei der Bewerberauswahl müssen aber Grenzen gesetzt werden. Denn Arbeits- und Berufsleben sind nicht vergleichbar mit einer Ehe- bzw. Lebenspartnerbeziehung. Unserer Meinung nach stellt der absolute Anspruch des Arbeitgebers, genau wissen zu wollen, um welche Bewerber- bzw. Mitarbeiterpersönlichkeit es sich handelt, eine infame und schamlose Ausnutzung eines Abhängigkeitsverhältnisses dar.

Was kann man als Bewerber, als Arbeitnehmer gegen diese Art der Persönlichkeits(test)-Notzuchtversuche tun? Man kann sich schützen, lautet die einfache Antwort. Aber wie?

Zunächst einmal kommt es darauf an, sog. Persönlichkeits-Testverfahren als solche zu erkennen. Zweitens ist es wichtig zu wissen, wer und vor allem wie man ist, also die eigene Persönlichkeit, die eigenen Charaktermerkmale zu kennen. Drittens ist es unbedingt notwendig, zu wissen, was die andere Seite (der Arbeitgeber) für Persönlichkeitsmerkmale erwartet bzw. wünscht. Und viertens muß es einem gelingen – und das ist leichter gesagt als getan –, die richtigen Mittel und Wege zu finden, den Transfer, also das Übermitteln dieser Merkmale glaubhaft zu gestalten.

Persönlichkeits-Testverfahren zu durchschauen, überhaupt erst einmal zu wissen, was auf einen zu- und worauf es ankommt, ist das Gebot der Bewerbungsstunde. Diese Kunst ist erlernbar.

Im wesentlichen geht es um vier Persönlichkeitsmerkmale, aufgrund derer man glaubt, entscheiden zu können, ob Sie für eine bestimmte Position der richtige Bewerber sind:

Emotionale Stabilität
Kontaktfähigkeit
Leistungsbereitschaft
Geschlechtsidentität

Was unter diesen vier Begriffen zu verstehen ist, entschlüsselt die folgende Übersicht. Noch einmal sei angemerkt, daß wir eine kritische Wertung dieser Materie bereits an vielen Stellen des Buches vorgenommen haben. Unser Anliegen ist es, Ihnen zu vermitteln, was Personalberatungsfirmen, Personalchefs, Taschenpsychologen und dergleichen mehr z.B. unter emotionaler Stabilität verstehen, insbesondere in einem Rahmen, wo es um Ihre berufliche Zukunft geht.

Emotionale Stabilität
Man unterliegt nicht grundlos Stimmungsschwankungen,
wird nicht von grundlosen Ängsten und Sorgen gequält,
kennt keine Schuldgefühle,
neigt nicht zum Perfektionismus,
ist nicht launenhaft,
nur sehr selten krank,
hat keine Schwierigkeit, sich auf seine Arbeit zu konzentrieren,
kennt keine Tagträumereien,
man ist mit seinem Leben zufrieden und würde sich ein neues Leben genauso wünschen und vorstellen,
leidet nicht unter Platzangst,
plant seine Arbeit und geht ihr zügig nach,

fühlt sich selten schlecht oder elend,
ist gewöhnlich nicht nervös, sondern ausgeglichen,
nach dem Aufwachen frühmorgens frisch und munter,
leidet nicht unter Schlafstörungen und kann auch gut einschlafen,
ist nicht wetterfühlig,
man läßt sich durch Unordnung nicht stören,
leidet nicht unter Kopfschmerzen, Migräne oder Schwindelanfällen,
sorgt sich nur wenig um die eigene Gesundheit,
hat als Kind auch schon mal was gegen den Willen der Eltern getan,
fühlt sich den Anforderungen des Lebens gut gewachsen,
zeigt Toleranz,
hat Selbstvertrauen und kennt keine Minderwertigkeitsgefühle,
handelt nicht impulsiv,
neigt nicht zu Grübeleien,
ist eher offen,
kennt keine ständig wiederkehrenden unnützen Gedanken,
man fühlt sich nicht unverstanden, verkannt oder im Stich gelassen,
leidet nicht unter Appetitlosigkeit
usw. usw.

Kontaktfähigkeit
Man ist von der Grundstimmung her Optimist,
fühlt sich zusammen mit vielen Menschen wohl,
man trifft sich gern mit Freunden,
schließt schnell Freundschaften,
verfügt über einen großen Bekannten- und Freundeskreis,
ist aktiv, gesprächig, temperamentvoll, kurzum lebhaft,
geht gerne und oft aus,
glaubt von sich, erfolgreich zu sein,
fühlt sich auch in großen Gruppen unbefangen,
man kann in Gesellschaften aus sich herausgehen,
man sucht die Geselligkeit anderer Leute,
ergreift gewöhnlich bei neuen Bekanntschaften die Initiative,
übernimmt in Gruppen gerne eine Führungsposition,
bevorzugt gesellige Freizeitbeschäftigungen,
man läßt sich leichter auf Risiken ein,
bevorzugt Berufe, die einen Kontakt zu anderen Menschen schaffen bzw. herstellen,
telefoniert lieber als Briefe zu schreiben,
bevorzugt eher eine Party als ein Buch zu lesen,
man schätzt sich schlagfertig ein und hat immer eine passende Antwort parat,
erzählt auch gerne einen Witz,
behält selbst in kritischen Situationen bei Problemen und Ärger die gute Laune,
man hält es für wichtig, allgemein beliebt zu sein,
empfindet keine Hemmungen beim Sprechen vor größeren Gruppen,
usw. usw.

Leistungsbereitschaft
»Erst die Arbeit, dann das Vergnügen« ist der Lebensgrundsatz,
man schiebt Arbeiten nicht auf,
läßt begonnene Arbeiten nicht liegen,
man läßt sich bei der Arbeit nur schwer unterbrechen,
arbeitet planvoll, überlegt und organisiert – mit genauer Vorüberlegung, was zu tun ist,
man kann sich auf seine Arbeit leicht konzentrieren,
bereitet sich z.B. auf Prüfungen intensiv vor,
man scheut den Wettkampf nicht,
man vergleicht die eigene Leistung und Fähigkeit mit der von anderen,
man zeigt Ehrgeiz,
man verfolgt seine Ziele mit Entschlossenheit,
man läßt sich nicht von der Arbeit abhalten,
man zeigt sich bemüht, begonnene Arbeiten abzuschließen,
man beneidet den Erfolg anderer,
man besitzt genug Kraft, mit eigenen Problemen fertig zu werden,
gerne möchte man eine wichtige oder berühmte Persönlichkeit sein,
selbst in den Ferien denkt man an die Arbeit,
ständig zeigt man sich bemüht voranzukommen,
man genießt seine Freizeit erst dann, wenn die Arbeit getan ist,
usw. usw.

Geschlechtsidentität
Dieser Merkmalsbereich ist von Seiten der Tester in Personal- und Persönlichkeitsfragebögen eindeutig nach gängigen männlichen Rollenklischees ausgerichtet – auch Bewerberinnen werden an diesem dubiosen Maßstab gemessen.

Man ist optimistisch eingstellt,
kennt keine Angst,
man ist nicht schreckhaft,
auch nicht zu sentimental,
man mag handfeste körperliche Tätigkeiten,
man denkt nicht viel über die Liebe nach,
man ist an Sport interessiert,
hat kein Interesse für Chorgesang,
als Kind hat man gern mit Spielzeugwaffen gespielt,
ab und zu tut man aus Spaß etwas Gefährliches,
beim Anblick von Blut wird einem nicht übel,
man liest lieber wissenschaftliche als belletristische Literatur,
kalte Füße oder Hände kennt man nicht,
Tanzveranstaltungen sind weniger interessant,
das Empfinden gegenüber Schlangen und Insekten ist nicht durch Ekel oder Abneigung gekennzeichnet,
technische Berufe werden musischen vorgezogen,
eine schöne Umwelt ist weniger interessant,
Romantik ist auch eher ein Fremdwort,

bisweilen erzählt man auch mal einen unanständigen Witz,
usw. usw.

Die vier großen Themenbereiche emotionale Stabilität, Kontaktfähigkeit, Leistungsbereitschaft und Geschlechtsidentität sind etwas reduzierte, aber durchaus zutreffende Bereiche, aus denen viele Fragen stammen, die darauf abzielen, Ihre Persönlichkeit zu untersuchen. Mit ein wenig Übung gelingt es Ihnen, alle nur erdenklichen Fragen oder Aussagen in diese Grobbereiche einzuordnen.

Nun eine kleine Persönlichkeitstest-Kostprobe. Beantworten Sie bitte, ohne lange nachzudenken, folgende neun Fragen:

1. Wenn man mein Vertrauen enttäuscht, dann
   a) bin ich bereit, sofort zu verzeihen
   b) teils-teils
   c) werde ich sehr böse.
2. Von Freunden im Stich gelassen zu werden, ist mir
   a) ziemlich häufig
   b) manchmal
   c) kaum jemals passiert.
3. Ich fände es interessanter, in einer Fabrik verantwortlich zu sein für
   a) die Auswahl und Einstellung neuer Mitarbeiter
   b) dazwischen
   c) für Maschinen oder die Buchhaltung.
4. In einem kleinen, engen Raum, zum Beispiel in einem überfüllten Aufzug, habe ich schnell das Gefühl, eingesperrt zu sein.
   a) gelegentlich
   b) selten
   c) nie.
5. Ich würde mein Leben, wenn ich es noch einmal zu leben hätte
   a) mir genauso wünschen
   b) weiß nicht
   c) ganz anders planen.
6. Wenn ich die Wahl hätte, wäre ich lieber
   a) ein Wissenschaftler in der Forschung
   b) teils-teils
   c) ein Manager mit vielen Besprechungen.
7. Ich rede mit den Leuten
   a) nur in dem Fall, wenn ich etwas zu sagen habe

b) teils-teils
c) damit die sich wohl fühlen können.

8. Wenn man mir freundlicher begegnet, als ich eigentlich erwartet habe, zweifle ich an der Echtheit dieser Freundlichkeit.
a) stimmt
b) teils-teils
c) stimmt nicht.
9. Wenn Leute eine moralisch überlegene Haltung demonstrieren, regt mich das auf.
a) nein
b) teils-teils
c) ja.

Haben Sie gemerkt, worum es geht? Drei »Persönlichkeitsmerkmale« (Faktoren) sind es, die hinter diesen Fragen stehen:

1. A Sachbezogenheit (kühl und reserviert) gegenüber
B Kontaktorientierung (aufgeschlossen und warm)
Frage 3: Antwort a ist kontaktbezogen, c ist sachbezogen.
Frage 6: Antwort a ist sachbezogen, c kontaktbezogen
Frage 7: Antwort a ist sachbezogen, c kontaktbezogen.

Haben Sie sich zweimal oder mehr für einen der beiden Faktoren entschieden, ist Ihr Persönlichkeitsbild festgenagelt. Sie sind dann also z.B. ein eher kühler, bei dreimal a ein eiskalter Sachmensch ...

2. A Vertrauenbereitschaft (vertrauensvoll) gegenüber B Skeptische Haltung (mißtrauisch)
Frage 1: Antwort a ist vertrauensvoll, c mißtrauisch
Frage 8: Antwort a ist mißtrauisch, c vertrauensvoll
Frage 9: Antwort a ist vertrauensvoll, c mißtrauisch

3. A Emotionale Störbarkeit (neurotisch) gegenüber
B emotionale Stabilität (gelassen)
Frage 2: Antwort a ist neurotisch, c stabil
Frage 4: Antwort a ist neurotisch, c stabil
Frage 5: Antwort a ist stabil, c neurotisch

Sollten Sie bei diesen 9 Fragen mehr als zweimal die Antwortmöglichkeit b angekreuzt haben (teils-teils, dazwischen, manchmal etc.), laufen Sie Gefahr, als Lügner und Vernebler dazustehen, der den Test nicht offen beantworten will.

Bitte verstehen Sie diesen kleinen Demonstrationstest als eine Art didaktisches Beispiel, ohne an das Ergebnis auch nur im entferntesten zu glauben. In der Testrealität jedenfalls wird im Prinzip bei der Auswertung so vorgegangen, daß man Ihnen die Ankreuzungen entsprechend auslegt und interpretiert. Dabei sollten Sie wissen, daß es keinesfalls immer eindeutig einen »guten« und anstrebenswerten gegenüber einem »schlechten« und zu vermeidenden Persönlichkeitsfaktor gibt.

Es ist schwer, generelle Empfehlungen auszusprechen, aber Sie sollten bei Persönlichkeits-Tests darauf achten, die Fragen bzw. Aussagen nicht zu extrem in eine Richtung anzukreuzen. Es geht um die »richtige Mischung« aus folgenden drei Komponenten:

1. Wie stellt sich der Arbeitgeber den idealen Bewerber für diese Position/Aufgabe vor?
2. Wie glaube ich wirklich zu sein?
3. Ausweichen auf die »teils-teils« Position.

Ein weiteres, immer häufiger eingesetztes Personalauslese-Testverfahren verdient es, detaillierter beleuchtet zu werden: Die Assessment Center-Tests (ACT).

Lösungen zu den Testfragen am Anfang: Samstag / Ordensstifter (Jesuiten) / Lebewesen / richtig / falsch/ a-e falsch, f richtig / Persönlichkeits-Test: hier gibt es keine richtigen oder falschen Antworten, siehe Literaturhinweise

Assessment Center – Beispiel Deutsche Bank

»Unsere Trefferquote ist sehr hoch«, versicherte der Psychologe beim abendlichen Glas Bier. »Wer hier besteht, hat auch später Erfolg in dieser Bank.« Und er muß es ja wissen, denn schließlich wird das »Gruppenauswahlverfahren für akademische Nachwuchskräfte«, wie es etwas holprig in meinem Einladungsschreiben heißt, schon zum 100. Mal hier durchgeführt. Mittlerweile allerdings auf eineinhalb Tage um die Hälfte verkürzt. Denn nicht nur Reisespesen und zweitägige Hotelunterbringung der zwölf Bewerber, sondern vor allem die Anwesenheit von sechs Beobachtern des Unternehmens sowie eines dreiköpfigen Psychologenteams reißen tiefe Löcher in das Budget einer Personalabteilung, schätzungsweise 18–20000 DM, aber diese deutsche Bank kann es sich leisten.

Durch Assessment Center, Auswahlseminare oder Sommerakademien läßt sich ja auch trefflich demonstrieren, wie teuer einem der Unternehmensnachwuchs ist; und ganz nebenbei kann der von Zweifeln geplagte Personalchef seine Entscheidung auf die psychologische Zunft delegieren. Die erstellt dann während einer Reihe gruppendynamischer und anderer Spielchen ein Psychogramm des Bewerbers. Nach zumeist zwei Tagen – die Billigversion kann auch schon mal an einem Nachmittag durchgezogen werden – liegt die Persönlichkeit des Kandidaten dann sauber nach Belastbarkeit, Teamorientierung und Flexibilität gegliedert und bepunktet zum Abruf bereit auf dem Vorstandsschreibtisch.

Am Morgen des ersten Seminartages finde ich mich pünktlich um 8.30 Uhr mit den anderen Teilnehmern zur Lagebesprechung ein. Mit freundlichen Worten werden wir begrüßt. Man solle alles nicht zu ernst nehmen und sich vor allen Dingen natürlich geben. Betont natürlich geben sich zumindest unsere Beobachter, die sich der Reihe nach vorstellen. In Gedanken lege auch ich mir ein paar Worte zurecht, denn vielleicht läßt sich durch eine witzig-spritzige Rede ein erster Pluspunkt verbuchen. Weit gefehlt – als die Reihe an die Kandidaten kommt, unterbricht der Leiter und schlägt vor, daß nun jeder seinen Nachbarn vorstellt. In den enttäuschten Gesichtern lese ich, daß nicht nur mir der Wind aus den Segeln genommen wurde.

Schon bald haben wir diese Aufwärmübung abgeschlossen und kommen zum eigentlichen Hauptteil. Jeder erhält einen Laufzettel für die unterschiedlichen Aufgaben. Zunächst verschlägt es mich und fünf andere Kandidaten in den Nachbarraum, wo wir weitere Instruktionen ausgehändigt bekommen. Ein Fallbeispiel: Es sollen zunächst einzeln, dann in der Gruppe Vorschläge erarbeitet werden, gemäß derer einer innovationsfeindlichen Belegschaft ein neues Computersystem schmackhaft gemacht werden kann. Ein abgedroschenes Thema und dementsprechend einfallslos und gleichförmig die vorgetragenen Lösungen. Das wissen wohl auch die Beobachter, denn ihnen kommt es eher auf die Präsentation als auf den Inhalt an. So fällt es denn auch nicht schwer, sich hier »schön kooperativ« zu zeigen und schnell auf einen gemeinsamen Nenner zu kommen.

Interessanter wird es schon beim nächsten Spiel. Meine neu zusammengestellte Vierergruppe bekommt eine Aufgabe aus dem Personalbereich. Jedem von uns wird der fiktive Lebenslauf des 39jährigen Hochbauingenieurs Friedemann Fuchs vorgelegt. Dieser soll nun in einem Industrieunternehmen zum Einsatz kommen. Die Bereiche Grundlagenforschung, Personal, Fertigung und Verwaltung stehen zur Auswahl. Für die schriftliche Begründung seiner Entscheidung zieht sich jeder von uns in sein Zimmer zurück.

Eigentlich erfüllt das Ingenieur-Füchslein keines der Anforderungsprofile dieser Abteilungen, aber da er sowohl als wenig origineller Forscher, als auch als unkonziliant im Umgang mit Kollegen beschrieben wird, beschließe ich, daß eigentlich nur Fertigung oder Verwaltung in Frage kommen. In der Gruppe einigen wir uns dann auf letzteres und geben dem zukünftigen Vorgesetzten von Fuchs den Rat, diesem bei betriebswirtschaftlichen Kalkulationen etwas auf die Finger zu sehen. Mit Recht, denn nun stürzen eine Fülle neuer Aktennotizen und Informationen über uns herein: Ede Fuchs ist zwar barsch im Umgang mit Kollegen, aber erfolgreich; allerdings hat er riskant kalkuliert und trägt sich mit Kündigungsabsichten. Zudem gibt es Probleme im Produktionsablauf, die gelöst werden müssen, und schließlich kann ein Auftrag nicht termingerecht erfüllt werden, so daß nachverhandelt werden muß. Was nun, und was tun mit Friedemann Fuchs?

»Wer viel Rauch macht, hat etwas zu verbergen«, denke ich mir und schlage vor, weitere Informationen aus der Personalakte Fuchs anzufordern. Und tatsächlich, der Nebel lichtet sich mit einer Notiz, die Fuchs als guten Verhandlungspartner beschreibt. Ein Aufatmen geht durch die Gruppe. Alles weitere ist ein Kinderspiel: Der Fuchs wird mit einem Koffer voller Instruktionen zur Verhandlung geschickt, wo er sich endlich bewehren kann und sich hoffentlich auch seine Kündigungsabsichten verflüchtigen.

»So etwas macht doch richtig Spaß«, kommt es im Ton tiefster Überzeugung vom Beobachtertisch. Überrascht ob dieser ersten unerwarteten Reaktion blicke ich auf und stimme verwirrt zu. »Wenn man das Kaninchen im Zylinder findet!«, denke ich und freue mich auf das Mittagessen.

»Nach dem Essen sollst Du ruhn oder 1000 Schritte tun«, auf keinen Fall empfiehlt es sich jedoch, sich mit wissenschaftlichen Abhandlungen zu befassen, wenn der Magen besser durchblutet ist als das Gehirn. Normalerweise gehört das Dekodieren von Professorentexten ja zum Studentenalltag; aber nachdem ich mich durch die 20seitige Abhandlung über »Strukturveränderungen in der Medienlandschaft als Folge innovativer Kommunikationstechniken« gekämpft habe, ist meine Vorbereitungszeit fast abgelaufen. Und nun soll ich dem interessierten Psychologenpublikum einen zehnminütigen Vortrag über Satellitenfernsehen, Pay-TV und BTX halten. Dabei nenne ich nicht mal einen Fernseher mein eigen.

Self fulfilling prophecy heißt es wohl im Fachjargon, was mir nun widerfährt. Die Notizen der Zuhörer gelten denn auch kaum meinen dürftigen Aussagen zum Thema. »Verkrampft, spricht stockend, Ausführungen sind unstrukturiert«, lautet das vernichtende Urteil, wie ich später erfahre. Aber ich will ja nicht in die Politik. Vielleicht reicht mein rhetorisches Talent noch zum Verhandeln?

Dieses kann ich jedenfalls in der letzten Tagesübung überprüfen lassen. 40 Minuten habe ich Zeit, mich in meinem Zimmer auf meine Rolle als Einkäufer von Wärmepumpen vorzubereiten. Die mitgegebenen Instruktionen definieren genau, bei welchem Abschluß ich mich als guter Mitarbeiter des Unternehmens rühmen kann.

Da kommt mir der Gedanke, diese Übung etwas realistischer zu gestalten: Über Haustelefon (wir sind ja im Hotel) rufe ich meinen Verhandlungspartner an und mache den Vorschlag einer Preisabsprache. Dieser willigt prompt ein, und schon bald stoßen wir beim Vergleich unserer Anweisungen auf einige Fallstricke. Schließlich einigen wir uns auf Konditionen, die jeden von uns in günstigem Licht erscheinen lassen.

Die anschließende »Verhandlung« ist nun nur noch reine Formsache. Das eigentliche Problem ist eher schauspielerischer Natur. Während ich den gradlinigen, kurzen Einakter bevorzuge, scheint mein Gegenüber eher mit dem Pathos des Dramas vertraut zu sein. Ich bin etwas verwirrt und ahne eine Katastrophe heraufziehen. Schließlich erzwinge ich die Katharsis, und siehe da: Mein Verhandlungspartner schwenkt ein, und mit Handschlag wird der vorgesehene Preis besiegelt. Das Publikum spendet zwar nicht den verdienten Beifall, aber dennoch ziehe ich mich halbwegs zufrieden auf mein Zimmer zurück.

Ist Intelligenz meßbar? Der Streit darüber dauert an, seit es IQ-Tests gibt. Zumindest ist sie erlernbar. Ich jedenfalls habe meine Hausarbeit gemacht und mir die einschlägige Literatur zu diesem Thema vorher angesehen. Und während ich vor einer Woche noch zum Intelligenzmittelstand gehörte, kreuze ich am Morgen des zweiten Seminartages unter den Augen des Prüfers mit geübter Sicherheit Zahlen- und Symbolreihen an, ergänze Wortpaare und eleminiere den sogenannten odd-man-out. Wenn die Zeit auszugehen droht, löse ich den Rest der Aufgaben nach der Lotto-Methode. Immerhin besteht eine Chance von 1:3, so meinen Intelligenzquotienten zu erhöhen. Beim Kopfrechnen versage ich dann aber kläglich. Im Laufe der Jahre zum denkenden Anhängsel meines Taschenrechners degeneriert, kann ich von zwanzig Aufgaben nur ganze fünf lösen.

Als Abschluß des 90-Minuten-Intelligenz-TÜVs ist doch noch einmal Phantasie gefragt. Jeder Prüfling muß eine Anzahl schattenhafter Bilder deuten. Als im Laufe der Übung die Konturen immer schemenhafter werden, kommen mir Zweifel. Signalisiert die Pistole, die ich zu erkennen glaube, etwa Aggressivität? Zur Sicherheit votiere ich für den ausgestreckten Finger an einer geballten Faust (Kompromißbereitschaft?). Beim nächsten Bild kann ich mich nicht zwischen einem fettleibigen Dackel und einem Schwein entscheiden. Als Lösung gebe ich dann aber den Fuchs an. Dessen sprichwörtliche Schlauheit kann gerade im Geschäftsleben nie schaden. Beim letzten Bild, hinter welchem sich ein Flammenmeer, ein Gebüsch, eine Berglandschaft im Schnee oder ein Wohnzimmerteppich verbergen könnte, passe ich lieber. Womöglich werde ich noch als Traumtänzer abgestempelt.

Nach den Tests diskutiere ich dann mit meinen Mitstreitern, ob Väter a) nie, b) immer, c) gewöhnlich oder d) selten erfahrener sind als ihre Söhne, oder ob sich 'Sportler' zu 'Erfolg' verhält wie 'Manager' zu a) Geld, b) Macht, c) Gewinn oder d) Ansehen.

Die letzte Hürde, zwei abschließende Gespräche mit Vertretern der Bank, werden allgemein als Routine angesehen. Tatsächlich entpuppen sich Kassandrarufe vom bevorstehenden Streß-Interview, bei dem der Bewerber durch anfängliche Freundlichkeiten zunächst aus der Reserve gelockt, um dann aber gnadenlos in die Enge getrieben zu werden, vorerst als haltlos.

Ein Gespräch läuft gar im Stil einer Vermögensanlageberatung mit dem netten Herrn aus der Werbung ab. Mit scherzhaften Bemerkungen werden Wunschgehalt, Wunscheinsatzort und Wunscharbeitsbeginn zu Protokoll genommen. Der Gedanke, daß das Gespräch überhaupt nicht mit einem Wunschkandidaten geführt wird, kommt dabei gar nicht erst auf. Und so treten die meisten Bewerber die Heimreise auch gutgelaunt und voller Zukunftspläne an.

Wunschdenken, wie es sich für 3/4 der Leute bald herausstellt. Telefonisch kann einige Tage später das Ergebnis abgerufen werden. »Leider nein«, heißt es auch für mich am anderen Ende. Der bedauernde Unterton klingt so überzeugend, daß sich beinahe Mitleid mit demjenigen, der diese Nachricht an die hoffnungsvollen Anrufer übermitteln muß, einschleicht. Die Begründung wird auf gleichem Wege mitgeteilt:

Der Gesamteindruck sei ja durchaus positiv. In Sachen Kontaktfreudigkeit, Kooperationsfähigkeit sowie Initiative und Selbständigkeit hätte ich durchweg hohe Werte erzielt. Auch sei ich ausdauerd und belastbar. Aber ... Und jetzt bestätigen sich die

Vorahnungen bezüglich meines Rednertalents: Den Ausschlag schließlich hätte der Eindruck im Abschlußinterview gegeben, daß ich für das Bankgewerbe nicht gerade stark motiviert sei. Zum Schluß wünscht mir mein Gesprächspartner noch »Alles Gute fürs nächste Mal...«

Noch ein Assessment Center? Wahrscheinlich ist es unvermeidbar, denn mittlerweile vertrauen neben den meisten Banken auch viele Industrieunternehmen und selbst Vater Staat auf dieses Nachwuchsselektionsverfahren mit wissenschaftlichem Anstrich. Pseudowissenschaftlich deshalb, weil man, um von einer »hohen Trefferquote« sprechen zu können, ja eigentlich auch eine Kontrollgruppe von »Versagern« einstellen und deren Karriereweg beobachten müßte. Die bekommen jedoch beim nächsten oder übernächsten Mal in einem anderen Unternehmen den begehrten Arbeitsvertrag. »Denn«, so tröstet mich ein Routinier im Bewerbertourismus später, »mit ein bißchen Übung ist da eine ganze Menge zu machen«. Bei seiner Persönlichkeit hatte sich innerhalb kurzer Zeit eine wunderbare Wandlung vollzogen. Nach nur drei Tagen haben ihn die Experten der Konkurrenz als neuen Hoffnungsträger für ihr Unternehmen ausgemacht.

Für mich ein schwacher Trost. Und so frage ich vor dem nächsten Interview erst telefonisch an, ob in diesem Unternehmen auch Gruppenauswahlverfahren zur Anwendung kommen würden. »Jeden Arbeitstag«, kommt es lakonisch zurück.

Egal ob Ein- oder Aufsteiger: Immer mehr Bewerber haben eine derartig unheimliche Begegnung der 3. Art. Ihre Eignung wird auf Teufel komm raus getestet. Intelligenz-, Leistungs-, Konzentrations-, Persönlichkeits-Tests und Assessment Center gilt es – wie schon am Kapitelanfang gesagt – ohne psychischen Schaden zu überstehen.

Stark in Mode gekommen sind bei der testgesteuerten Auslese von Hochschulabsolventen die **Assessment Center** (ACTs). Unter diesem Namen firmiert eine Art »neue Wunderwaffe«, ein Testverfahren, das auf die deutsche Wehrmachtspsychologie zurückgeht und in den 30er Jahren zur Auslese des Offiziernachwuchses eingesetzt wurde.

Ein Assessment Center, so könnte man sagen, ist eine Kombination verschiedener Verhaltens- und Arbeitsproben und kann sich über etwa einen halben Tag bis zu mehreren Tagen erstrecken. Ausgeheckt in einer unsäglichen Zeit, reifte und entwickelte es sich in den USA und wird dort sehr häufig bei der Personalauswahl eingesetzt. Daß dies für den deutschen Eignungsdiagnostik-Markt nicht ohne Auswirkungen bleiben konnte, war abzusehen. Nun müssen sich also auch hierzulande Bewerber und Karrieristen »assessmentcentern« lassen.

Nach Übersichten verschiedener Fachzeitschriften führen über 100 bekannte Unternehmen Assessment Center durch, u.a. folgende: *AEG, Allianz-Lebensversicherung, Bayer, Bayrische Hypo Bank,*

Beiersdorf, BP, Colonia Versicherung, Daimler Benz, Deutsche Bank, Dresdner Bank, Dunlop, Ford, Gerling, Hamburg Mannheimer Versicherung, Hoechst, Karstadt, Kaufhof, Krupp, Lufthansa, Nordstern Versicherung, Opel, Siemens, Unilever, Veba, Vereinigte Versicherungsgruppe.

Gleichwohl gibt es auch eine Reihe von Unternehmen, die wieder vom Assessment Center abgerückt sind, z.B. die Firmen *BMW, Henkel, Otto Versand, Procter & Gamble, VW.*

Die Durchführungszeit eines Assessment Centers beträgt in der Regel zwei ganze Tage (selten drei), an denen sechs bis zwölf Teilnehmer zwischen acht und zwölf Übungen bestreiten. Dabei werden die Teilnehmer von drei bis sechs Personen beobachtet. Da Zeit Geld ist, versuchen immer mehr Unternehmen, eine Art Mini-ACT innerhalb von wenigen Stunden mit Bewerbern durchzuziehen.

Die einzelnen Aufgabentypen könnte man wie folgt umschreiben:
- Jeder für sich allein
- Jeder gegen jeden
- Einer gegen den anderen
- Einer vor allen anderen.

Jeder für sich allein
Zu diesem Aufgabentyp gehören sogenannte Postkorb-Übungen, bei denen Sie unter Zeitdruck den Posteingang durchsehen und Entscheidungen treffen müssen, was wirklich wichtig ist und sofort erledigt werden muß, was warten kann und was gut zu deligieren ist. Testziel ist die Überprüfung des allgemeinen Organisationsvermögens.

Jeder gegen jeden
In einer Art führerlosen Gruppendiskussion hat jeder seinen eigenen Standpunkt und seine berechtigten Forderungen zu vertreten. Dabei soll ein gemeinsames, von allen getragenes Ergebnis erarbeitet werden. Hier kommt es auf Kompromiß- und Kooperationsbereitschaft, aber auch auf Durchsetzungsvermögen an. (Beispiel: Eine Diskussion, wer von den Außendienstmitarbeitern den neuen BMW bekommt.)

Einer gegen den anderen
Ein Rollenspiel wird durchgeführt, z.B. mit der schon beim *Deutsche-Bank*-Assessment Center geschilderten Aufgabe »Wärmepumpen-

Handel«. In der Regel müssen Käufer und Verkäufer einen Kompromiß finden und dabei Diplomatie, Eloquenz und Entscheidungskraft unter Beweis stellen.

Einer vor allen anderen

Dabei geht es um einen Kurz-Vortrag und eine Art Präsentationsübung. Sie dürfen sich auf ein Thema vorbereiten und haben das verehrte Publikum, Ihre Beurteiler und Mitbewerber, gut zu unterhalten. (Beispiel: *Deutsche-Bank*-Assessement Center, Stichwort »Satellitenfernsehen«, s.S. 85). Natürlich kommt es auf Rhetorik, Überzeugungskraft und Darstellungskunst an.

Nun ein weiteres ACT-Beispiel aus der Personalauslesepraxis. Ein Hochschulabsolvent berichtet:

Zu sechst waren wir in einer Höhle eingeschlossen. Das Wasser stieg unaufhaltsam, nur einer von uns konnte gerettet werden. Man gab uns 30 Minuten, um zu entscheiden, wer der Glückliche sein sollte. Als die Gruppe sich schließlich auf den Jüngsten geeinigt hatte, zog ich meine Pistole und erzwang mir den Weg in den Rettungskorb. Der Personalpsychologe beendete mit einer knappen Handbewebung das aus dem Stand von uns abverlangte Rollenspiel.

Mißtrauisch blickten mich meine Mitspieler im Konferenzraum der Colonia-Versicherung an: Ob der im wirklichen Leben auch so brutal ist?

Wir waren Bewerber um eine Ausbildung im Außendienst der Deutschen Ärzteversicherung, die zur Colonia-Gruppe gehört. Schon beim ersten Auswahlgespräch hatte man uns aufgefordert, an einem neuartigen Eignungstest teilzunehmen: dem »Assessment Center«. Das Wort war mir bisher noch nie untergekommen.

Begonnen hatte dieser Testtag mit dem »Gebrauchtwagen-Test«: Jeder mußte anonym aufschreiben, wem aus der Gruppe er am ehesten einen Gebrauchtwagen abkaufen würde. Damit sollte getestet werden, wer besonders vertrauenswürdig wirkt. Aus Taktik stimmte ich für jemanden, den ich eher unsympathisch fand.

Später saß ich einem Mitbewerber gegenüber. Ich sollte herausfinden, ob er schon einmal seine Frau betrogen hatte. Mein Mitbewerber durfte nicht merken, worum es in dem Gespräch ging. Ich plauderte mit ihm über Partys und Alkohol. Nach einer Viertelstunde hob ich den Arm: Ich war mir ganz sicher – er hatte seine Frau noch nie betrogen. Er war übrigens überzeugt, daß ich in unserem Gespräch feststellen wollte, ob er ab und zu mal einen über den Durst trinkt.

Mittags gingen wir zum Essen in ein gutes Restaurant. Da saßen wir nun um den Tisch: sechs Bewerber um die 30, ein Personalpsychologe, vier Versicherungsmanager. Drei Gerichte standen zur Auswahl: ein rustikales Steak, eine Geflügelkeule und ein kompliziertes Fischgericht. Ich grübelte: War dies Essen nun vielleicht auch ein Bestandteil des Tests?

In der Testauswertung am späten Nachmittag zeigten sich die Versicherungsmanager sehr angetan von meinem Verhalten bei Tisch: Als einziger hatte ich Fisch gewählt, keine Gräte war mir im Halse stecken geblieben.

Die Prüfer waren beeindruckt von meiner Durchsetzungsfähigkeit und meinem »Biß«: Doch beide Eigenschaften machten sie mir auch zum Vorwurf: Ich hätte es darauf angelegt, mich um jeden Preis durchzusetzen – sie aber suchten jemanden, der auch anpassungsfähig mit Geschäftspartnern umgehen konnte.

Trotzdem bekam ich ein Angebot – unter einer Bedingung: Die Manager wollten mich gerne mal zu Hause besuchen, um mich in meinem »persönlichen Umfeld« zu erleben. Offensichtlich mochten sie sich auf die Ergebnisse ihres Assessment Centers doch nicht ganz verlassen.

Abends griff ich zum Telefon und zog meine Bewerbung zurück. Ich wollte nicht ihr Wolf im Schafspelz sein.

Generell geht es bei ACTs um die Überprüfung folgender Merkmale bzw. Anforderungen:

- Führungsfähigkeiten
- Initiative
- Kreativität
- Planung
- Kontrolle
- Flexibilität
- Entscheidungsfähigkeit
- Verhalten in Steßsituationen
- mündliche und schriftliche Kommunikationsfähigkeit
- Abhängigkeit von anderen Personen
- Interpersonelles Verhaltensrepertoire

Ferner geht es bei ACTs um:

A. Soziale Prozesse wie
Kooperationsfähigkeit
z.B. Meinungen, Ideen, Vorschläge anderer aufgreifen und weiterführen,
sich nicht auf Kosten anderer durchsetzen,
anderen in Schwierigkeiten helfen,
Erfolgserlebnisse mit anderen teilen,
keine Druck- oder Machtmittel einsetzen.
Kontaktfähigkeit
z.B. von sich aus auf andere zugehen, ansprechen, beginnen,
Ziele, Absichten, Methoden offen für andere darlegen,
Beratung, Unterstützung, Mithilfe anbieten,
anderen Vertrauen entgegenbringen.

Sensibilität
Integrationsvermögen
Selbstkontrolle
Informationsverhalten

B. Systematisches Denken und Handeln wie
abstraktes und analytisches Denken
kombinatorisches Denken
Entscheidungsfähigkeit
Planungs- und Kontrollfähigkeiten
persönliche arbeitsorganisatorische Fähigkeit

C. Aktivität wie
Arbeitsmotivation und Arbeitsantrieb
Führungsmotivation und Führungsantrieb
Durchsetzungsvermögen
Selbständigkeit / Unabhängigkeit
Selbstvertrauen

D. Ausdrucksvermögen wie
schriftliche und mündliche Kommunikationsfähigkeit
Flexibilität
überzeugendes Engagement

Diese ausführliche Aufstellung ist nicht nur für ACTs hilfreich, sondern auch für Gruppendiskussionen (s.S. 140) und generell für Vorstellungsgespräche (s.S. 136).

Assessment Center-Testverfahren sind keineswegs das Nonplusultra. Diese bei historischer Betrachtung schon nicht mehr ganz neue »Wunderwaffe« ist bei näherer Betrachtung nichts anderes als alter Wein in neuen Schläuchen. Verschiedene Einzeltestverfahren (z.B. bezüglich Planungs-, Organisations-, Delegations-, Kommunikations- und Durchsetzungsvermögen) sind jetzt unter einem neumodischen Kürzel (ACT) zusammengefaßt. Der Personalchef, der »in« sein möchte, macht keine Einzeltests sondern gleich ein ACT.

Die generellen Kritikpunkte gegen die testgesteuerte Personalauslese treffen in vollem Umfang gleichermaßen auf ACTs zu:

Auch hier haben wir es mit höchst fragwürden theoretischen Grundlagen zu tun (z.B.: Was ist »Berufseignung« und »Persönlichkeit«?). Diese schwache Basis ist aber für Aus- und Vorhersagen von großer Tragweite: Testerfolg gleich zukünftiger Berufserfolg; Testmißerfolg gleich Null Berufseinstiegschance.

Bekanntermaßen tun wir uns schon bei der Vorhersage des Wetters schwer; aber eine komplexe Berufsprognose soll mittels ACT zuverlässig möglich sein. Kommen Ihnen da nicht Zweifel?

Auch ACTs basieren auf der infantilen Allmachtsphantasie von Personalauslesern, in die Zukunft ihrer Bewerber schauen zu können. Auffällig aber ist: Je wichtiger der Bewerber oder Kandidat für eine berufliche Position, desto unwahrscheinlicher, daß er sich der Zumutung eines ACTs stellen muß. Getestet werden in der Regel die Kleinen, die Berufsanfänger, diejenigen also, die sich am schlechtesten dagegen wehren können. Wer Macht hat und wer Macht erdulden muß, ist festgelegt. Der Mächtige läßt testen.

Oftmals fehlt in den ACTs der Bezug zum Arbeitsalltag und den erforderlichen Qualifikationen. Es geht vielmehr um die Frage, ob der Bewerber schauspielerische Qualitäten angstfrei vorzutragen versteht: am beliebtesten im Rollenspiel. So kann man z.B. Hochschulabsolventen bei einem Versicherungskonzern zumuten, in einem wechselseitigen Verhörgespräch Intimes (zum Thema Seitensprung) herauszufinden. Keiner weiß vom anderen, was dessen genauer Ausforschungsauftrag ist. Den darf man zu guter Letzt auch noch erraten. Aber alles nicht so schlimm, es ist ja nur ein Spiel, ein Rollen-Spiel . . .

Personalchefs, die auf eine ACT-gesteuerte Bewerberauslese setzen, sind auf dem Holzweg. Solchen Unternehmen sollten Sie auf diesem Personalwege besser nicht folgen . . .

- *Leichter gesagt als getan, meine Herren, liebe Leser.*

Personalfragebögen – ausgefragt und abgeblitzt

Als letztes wollen wir Ihnen eine ganz besondere Form des Persönlichkeits-Tests vorstellen: den Personalfragebogen. Möglicherweise glauben Sie, den Arbeitsvertrag schon so gut wie in der Tasche zu haben, wenn Sie einen derartigen Firmenfragebogen ausfüllen. Aber weit gefehlt.

Sehr häufig verschicken Personalberatungsgesellschaften, aber auch Firmen selbst, die mit Großanzeigen auf ihre Stellenangebote auf merksam machen, bereits vorab umfangreiche Fragebogenunterlagen.

Dabei handelt es sich um Sammlungen von Hunderten von Fragen oder zu bewertenden Aussagen, die ähnlich wie Persönlichkeits-Tests darauf abzielen, an »intime« Informationen über den Bewerber heranzukommen. Oftmals wird dem Ausgefragten gar nicht bewußt, daß es sich hier um einen Persönlichkeits-Test handelt und er durch die Beantwortung ein ganz spezifisches Persönlichkeitsbild von sich preisgibt.

Angefangen mit relativ harmlosen Fragen über Name, Alter, schulische und berufliche Ausbildung, stoßen Sie früher oder später auf eine Anzahl von Fragen, die Sie mit Recht an die Persönlichkeits-Tests erinnern. Hier einige Beispiele:

> Sehr geehrter Bewerber,
> der Fragebogen stellt eine Reihe von unterschiedlichsten Fragen, die Sie entweder mit ja oder mit nein beantworten sollen. Bitte beantworten Sie jede Frage ehrlich und spontan. Sie sollten dafür nicht mehr als fünf Minuten brauchen und zügig und rasch arbeiten. Ihr Ergebnis verbessert sich nicht, wenn Sie zu lange überlegen.

Nun folgen etwa 70 Fragen, von denen hier einige zitiert werden:

- Passiert es Ihnen, daß Sie tagsüber von Dingen träumen, die dann doch nicht verwirklicht werden?
- Fühlen Sie sich oft unzufrieden und schlecht?
- Macht es Ihnen Freude, andere zum Narren zu halten?
- Als Sie Kind waren, haben Sie immer sofort und ohne Murren das getan, was man von Ihnen verlangt hat?
- Legen Sie immer Wert darauf, bei anderen einen guten Eindruck zu machen?
- Fangen Sie oft viel mehr an, als Sie wirklich schaffen können?
- Wandern Ihre Gedanken, wenn Sie versuchen, sich zu konzentrieren, oft umher?
- Würden Sie sich selbst als gesprächig bezeichnen?
- Können Sie sich in einer vergnügten Gesellschaft ungezwungen und unbeschwert bewegen?

Und, und, und, bis hin zu Fragen, ob man ab und zu dickköpfig ist, die Geduld verliert und wütend wird oder »ohne besonderen Grund so etwas wie ein miserables Gefühl hat«.

Ein Personalberater empfiehlt sich mit folgenden Fragen:

- Welche Menschen bewundern Sie am meisten (bitte Namen nennen)?
- Nennen Sie einige von Ihnen bevorzugte Bücher!
- Welches sind Ihrer Meinung nach die größten Mißstände:
  a) in der Welt
  b) in Ihrem Land
  c) in der Stadt, in der Sie wohnen
  d) in dem Unternehmen, in dem Sie derzeit arbeiten?
- Welchen Beruf würden Sie wählen, wenn Sie ohne Rücksicht auf Gehalt und Vorbildung frei wählen könnten?
- Welches Berufsziel haben Sie sich gestellt, und was wollen Sie in 10 Jahren erreicht haben?

Beim Beantworten dieser selbstgestrickten Personalfragebögen sollten Sie hemmungslos von Ihrer Vorstellungskraft Gebrauch machen und sich in die Rolle des Arbeitgebers/Personalmenschen versetzen, der Ihre Antworten liest. Es ist schwer, generelle Tips zu geben. Sicherlich hat ein im Außendienst arbeitender Versicherungsvertreter andere Persönlichkeitsmerkmale, als ein Mitabeiter in einer technischen Forschungsabteilung. Beim Ausfüllen eines solchen Persönlichkeits-Tests im Gewand eines Personalfragebogens kommt es darauf an, im Sinne der vermutlich vom Auftraggeber gewünschten Antwort anzukreuzen.

Bei diesen und ähnlichen unheimlichen Begegnungen der 3. Art hilft die gezielte Vorbereitung mittels eines der einschlägigen Testtrainings-Bücher (s. S. 172).

FERNGESPRÄCHE

Die telefonische Bewerbung

Drei Situationen können gute Anlässe sein, das Telefon in der Bewerbungssituation ganz gezielt einzusetzen:

1. Informationsnachfrage: Sie haben ein interessantes Stellenangebot gelesen, wollen mehr Informationen, und man signalisiert in der Anzeige telefonische Auskunftsbereitschaft.
2. Bedarfsklärung: Sie versuchen telefonisch vorab zu klären, ob Ihre schriftliche Bewerbung Aussicht auf Erfolg hat.
3. Nachfaß-Aktion: Sie haben sich bereits schriftlich beworben, aber nach drei Wochen immer noch nichts gehört und fragen nun telefonisch nach.

Generell gilt auch hier: Sich unvorbereitet in eine telefonische Bewerbungssituation zu begeben, wäre sehr leichtsinnig. Das bedeutet, Sie müssen wissen, was Sie wollen, was Ziel Ihres Anrufes ist und sich überlegen, wie Sie das am besten erreichen.

Zur Vorbereitung gehören u.a. auch: der richtige Ort zum Telefonieren (Ungestörtheit!), der günstige Zeitpunkt (z.B. nicht Freitagnachmittag), der kompetente Gesprächspartner, die angemessene Vorbereitung schriftlicher Unterlagen, die Möglichkeit, sich Notizen zu machen.

Berücksichtigen Sie, daß Sie sich bei Ihrem Telefonanruf bereits in einer Vorstellungs- (bzw. Prüfungs-) Situation befinden: Man gewinnt einen ersten Eindruck von Ihnen, macht sich ein Bild und hält dies gar nicht selten sogar schriftlich fest.

1. INFORMATIONSNACHFRAGE

Sollten Sie ohne diese auskommen, ist das kein Minuspunkt. Rufen Sie aber an, um mehr oder minder nur zu erfragen, wie die Urlaubszeiten sind oder das Gehalt, machen Sie eine schlechte Figur, insbesondere dann, wenn Sie Inhalte abfragen, die eigentlich aus der Anzeige klar hervorgehen.

2. BEDARFSKLÄRUNG

Dieser Anruf ist besonders schwer und muß deshalb außerordentlich gut vorbereitet werden. Auch hier gilt die AIDA-Formel (s.S.55). Wichtig: Sie müssen einen kompetenten Gesprächspartner ans Telefon bekommen und versuchen, einen Kontakt aufzubauen, eine gute Gesprächsbeziehung herzustellen.

Mit »Guten Tag, mein Name ist Schmidt, ich möchte mich bei Ihnen als Ingenieur bewerben«, ist kaum ein Blumentopf zu gewinnen. Sollten Sie dagegen versuchen, zunächst über das aktuelle Wetter und den bevorstehenden Urlaub zu sprechen, um sich dann dem Thema Ihrer Bewerbungschancen zu nähern, erscheint uns das genauso wenig erfolgversprechend.

Vielleicht hilft der folgende Gesprächsanfang:
(nachdem Sie mit dem Personalchef richtig verbunden wurden)

Personalchef:	»Weber ...«
Schmidt:	»Guten Tag Herr Weber, mein Name ist Wolfgang Schmidt. Ich bitte um Verständnis, wenn ich mich direkt an Sie wende. Haben Sie einen kurzen Augenblick Zeit?«
Weber:	*(etwas ungeduldig)* »Worum geht es denn?«
Schmidt:	»Nun Herr, Weber, es geht darum, daß ich mich bei Ihnen gern als ... bewerben möchte. Sehen Sie da eine Chance? Ich habe ... / ich bin ...« (Werbeargumente in eigener Sache).

3. NACHFASS-AKTION

Sie haben drei Wochen nach Versand Ihrer Bewerbungsunterlagen noch immer keine Reaktion. Jetzt wird es Zeit, angemessen höflich, keinesfalls jedoch vorwurfsvoll nachzufragen. Manche Firmen legen sogar auf eine derartige Nachfrage Wert und interpretieren das Ausbleiben eines solchen Anrufes als mangelndes Interesse an der zu besetzenden Position.

Noch einmal generell die Empfehlung: den Anruf gut vorbereiten (eventuell Rollenspiel) und mit freundlicher, klarer, deutlicher Stimme und Absicht mutig in ungestörter Umgebung zum Hörer greifen. Mit Geduld, Ausdauer und Gelassenheit werden Sie auch diese Situation meistern, und jedes Telefonat übt.

Hand aufs Herz: Auch wenn es jetzt bereits zwei Spezialbücher gibt, die sich gezielt mit der telefonischen Bewerbung beschäftigen – es ist keinesfalls ein neues Wundermittel und kann eben leider nicht Berge versetzen. Trotzdem ist es für die Bedarfsabklärung ein interessantes und schnelles Medium.

Sollten Sie nun auf die Idee kommen, ein Telefax zu schicken, erzielen Sie bestimmt Aufmerksamkeit – ob diese aber zum gewünschten Ziel führt, zum Wunsch des Arbeitgebers, Sie wirklich persönlich kennenzulernen oder wenigstens Ihre ausführlichen Bewerbungsunterlagen anzufordern, ist eher skeptisch zu beurteilen. Sicherlich ist auch hier die Branche, in der Sie Fuß fassen wollen, ein entscheidender Faktor. Im Medien- und Werbebereich dagegen könnte ein außergewöhnliches Vorgehen (Video!) positive Beachtung finden.

VORSTELLUNGSGESPRÄCHE

Wie verneige ich mich?

Die wichtigsten fünfzig Prozent oder sogar etwas mehr, wenn Sie vorher einen Test gemacht haben, sind geschafft. Die entscheidenden zweiten fünfzig Prozent liegen vor Ihnen. Das gilt sowohl für das Studium dieses Buches wie insbesondere für Ihre Bewerbungssituation.

Auf jeden Fall ist hier erst einmal ein doppelter Glückwunsch fällig: Der erste, weil Sie sich bis auf diese Seiten durch- und vorangearbeitet haben. Der zweite – wenn Sie diesen Teil aus aktuellem Anlaß lesen – weil Sie eine Einladung zu einem Vorstellungsgespräch erhalten haben. Nun ist also die erste und vielleicht sogar die zweite (nach dem Test) Bewerbungshürde geschafft. Die schriftliche Be-Werbung, Ihre Unterlagen, Ihr Testergebnis haben Anklang gefunden.

Worum geht es eigentlich im Vorstellungsgespräch? Arbeitsplatzvergeber wie Personal- und Firmenchefs wollen im Vorstellungsgespräch persönliche und anforderungsbezogene Eignungsmerkmale der Bewerber überprüfen.

Deshalb hat man aus den vorliegenden schriftlichen Bewerbungsunterlagen, die z.B. nach einer Stellenanzeige eingegangen sind, die interessantesten und vielversprechendsten Bewerber herausgesucht.

In der Regel haben an diesem ersten Auswahlvorgang mehrere Personen mitgewirkt, z.B. der Chef, der Personalchef, der Abteilungsleiter, möglicherweise auch die Sekretärin. Vielleicht sind 50 Bewerbungen eingegangen, und nun muß man sich auf Arbeitgeberseite darauf verständigen, wie viele Kandidaten geeignet erscheinen und wie viele man näher kennenlernen will und kann (Zeitökonomie!).

Möglich, daß unter den 50 Bewerbern nur eine oder einer als kompetent erscheint, wahrscheinlich favorisiert man aber doch drei bis zehn Bewerber. Leider ist es so, daß man aus Zeitgründen häufig nur einen kleinen Teil der Kandidaten einlädt, die für die Aufgabe, den Arbeitsplatz in Frage kommen.

Großunternehmen – wie z.B. die *Deutsche Bank* oder *Siemens* bekommen natürlich nicht nur 50 Bewerbungen von Hochschulabsolventen sondern eher 500 und mehr. Eine hohe Anzahl von Bewerbungen wird von diesen Großunternehmen auch durchaus aktiv angestrebt und ist das Ergebnis vielfältiger Anwerbungsbemühungen (Anzeigen, Workshops, Direkt-Kontakte an der Uni etc.).

Aus der hohen Eingangszahl von schriftlichen Bewerbungen hat man einen ersten Prozentsatz x (ca. 60-70%) für eine Testeinladung herausgefiltert (s.S. 74). Ein gewisser Prozentsatz (etwa 30%) der Getesteten wird zu einem (weiteren) persönlichen Kennenlern-Termin gebeten, dem sogenannten Vorstellungsgespräch.

Die Wahrscheinlichkeit, unter 500 Bewerbern bei einem Großunternehmen in die Endrunde, zum Vorstellungsgespräch zu gelangen, ist also keinesfalls schlechter als bei einem kleineren Unternehmen. Sie liegt bei etwa 10-15%, manchmal sogar bei bis zu 20%.

Gehören Sie zu den Eingeladenen, sind Sie beim Bewerbungsmarathon Ihrem Ziel enorm nähergekommen.

Das Auswahlgremium möchte nun seine bisherigen Informationen aus den vorliegenden Bewerbungsunterlagen und den eventuellen Testergebnissen ergänzen und einen ganz persönlichen Eindruck von Ihnen als Bewerber bekommen.

Dabei wird die Ausprägung von Persönlichkeitszügen und Eigenschaften wie vor allem Leistungsbereitschaft, Motivation, Anpassungsfähigkeit, Einordnungsbereitschaft und Kompetenz unter die Lupe genommen. Ebenso konzentriert man sich auf äußere Merkmale wie Aussehen, Auftreten, »Manieren« sowie auf das sprachliche Ausdrucksvermögen. Darauf kommen wir gleich ausführlicher zurück.

Wichtiges Basiswissen: Es gibt Einzel- und Gruppenvorstellungsgespräche. Ihre Dauer ist unterschiedlich, je nach Arbeitsplatz und zu bewältigender Bewerberzahl bzw. Gesprächsteilnehmern auf Arbeitgeberseite (s. S. 136). Nicht selten werden zwei oder sogar drei Vorstellungsgespräche mit einem Kandidaten geführt. Die Gesprächsdauer schwankt zwischen mindestens einer Stunde und maximal etwa sechs (sicherlich nicht nonstop).

Das Vorstellungsgespräch ist eine mündliche Test- und Prüfungssituation, auf die man sich gut vorbereiten kann und sollte – durchaus in gewissem Sinne vergleichbar den Prüfungserfahrungen, die Sie z.B. während Ihres Studiums gemacht haben.

Die Vorbereitung auf das Vorstellungsgespräch kostet Zeit und Energie – sicherlich deutlich mehr als für die schriftliche Bewerbung.

Daran eine Woche lang zu arbeiten, ist durchaus nicht außergewöhnlich. Natürlich dauert die Vorbereitungsphase länger, wenn es um Ihr erstes Vorstellungsgespräch geht, als wenn Sie (leider) schon eine gewisse Routine haben.

In der Regel läuft ein Vorstellungsgespräch nach einem bestimmten Schema ab, das auf Ausbildung und Erfahrung des Interviewers, also des Gesprächspartners auf Arbeitgeberseite, basiert. Es erfordert deshalb, wenn man als Bewerber etwas entgegensetzen will, ebenfalls eine gute Vorbereitung. Hier drängt sich unweigerlich der Vergleich mit einem Schauspieler auf, der sich um ein Engagement bewirbt und eine Rolle vorsprechen bzw. vorspielen muß. Auch er hätte ohne Vorbereitung, Übung und Rollenstudium keine Chance. Schon der Begriff ›Vorstellung‹ deutet eigentlich auf die Parallele zum Theater hin.

Der gelernte Schauspieler und Ex-Präsident Ronald Reagan ließ sich vor jeder Pressekonferenz von seinem Beraterteam alle möglichen Journalistenfragen (insbesondere die unangenehmen) zu einem bestimmten Thema und natürlich die passenden Antworten zusammenstellen. Diesen Frage-Antwort-Katalog lernte Mr. President auswendig. – Auf die gute Vorbereitung kommt es an!

Ihre Vorbereitung sollte sechs Aspekte umfassen:

1. Die Kenntnis des Hintergrundes und der Intention von Vorstellungsgesprächen,
2. Ihre eigene Ausgangsposition sowie die Ihres Gegenübers,
3. gründliche Informationsrecherche zu Beruf/Branche/Arbeitsplatzanbieter,
4. Kenntnis des gängigen Gesprächsablaufs und des verwendeten Fragenrepertoires,
5. die wichtigsten Grundlagen der Gesprächspsychologie – d.h. Frage- und Antworttechniken, Körpersprache, Ausdruckspsychologie etc.,
6. den organisatorischen Teil (Anreise, Kleidung usw.).

Hintergrund und Intention

Der Arbeitgeber oder Personalchef – kurz: der Interviewer – will im Vorstellungsgespräch vor allem folgendes abtesten:

Ihre
- Persönlichkeit
- Leistungsmotivation
- Kompetenz

Diese drei Kategorien, Hauptthemen und wichtigste »Untersuchungsgegenstände« des Vorstellungsgespräches, lassen sich nicht immer ganz eindeutig von einander abgrenzen und unterscheiden. Sie sind auf vielfältige Weise miteinander verflochten.

So könnte man z.B. zu »testende« Eigenschaften wie Verantwortungsbewußtsein, Zuverlässigkeit und Teamfähigkeit allen drei Kategorien zuordnen.

Im einzelnen geht es bei der »Erforschung« Ihrer **Persönlichkeit** um folgende globale Aspekte:

- Wirken Sie sympathisch und vertrauenswürdig?
- Sind Sie anpassungs- und teamfähig?
- Passen Sie zu Institution/Firma/Team?

Mit **Leistungsmotivation** ist gemeint:

- Bringen Sie Engagement (Enthusiasmus) für die angestrebte Aufgabe/Position mit?
- Sind Sie lern-, einsatz- und arbeitswillig?
- Ist eine hohe Identifizierung mit Arbeit/Aufgabe und Firma/Institution zu erwarten?

Die intendierte Überprüfung Ihrer fachlichen **Kompetenz** im Vorstellungsgespräch zielt auf folgendes:

- Vorhandensein von berufsrelevanten Eigenschaften (sollten Sie hier nicht wissen, wonach man bei Ihnen suchen könnte, gehen Sie bitte zehn Felder zurück: zu S. 15).

Die Kenntnis und Berücksichtigung dieses skizzierten Hintergrunds von Vorstellungsgesprächen mit Bewerbern ist ein ganz wichtiger Bestandteil Ihrer Vorbereitung.

Die Ausgangspositionen

Die beiden Ausgangspositionen – verkürzt: Ihre und die Ihres Gegenübers – bestimmen wesentlich den Verlauf des Vorstellungsgesprächs.

Angenommen, Sie bewerben sich nach einem Informatikstudium um eine Stelle als Koordinator für die Vernetzung eines hausinternen PC-Systems bei einem Verlag:

Wenn Sie dann beispielsweise ein zweisemestriges Auslandsstipendium an der Harvard-University während Ihres Studiums vorzuweisen haben und Zertifikate vorlegen können, die Sie als kreativen Software-Entwickler ausweisen, wird der Verlauf des Vorstellungsgespräches von diesen Fakten entscheidend positiv geprägt werden.

Eine sicherlich andere Wendung würde das Vorstellungsgespräch nehmen, wenn Sie auf die Frage nach Ihrem eigenen PC etwas von einem alten, aber treuen Commodore 64 mit TV-Bildschirmanschluß stammeln.

Alles klar, was gemeint ist? Viele Komponenten bestimmen Ihre Ausgangsposition (zu der Ihres Gegenübers später):

Zum Beispiel:
* Ihr Arbeitsplatzwunsch und die aktuelle Arbeitsmarktsituation (Mangelberuf oder Überangebot?)
* Hochschulabschluß und -leistungen
  (Mit einer Gesamtnote »ausreichend« im juristischen Staatsexamen ist es bei der Staatsanwaltschaft nicht leicht, unterzukommen.)
* Tätigkeit/Erfahrung
  (Wer mit Hochschulabschluß Fach-Journalist werden will und noch nie eine Zeile für eine Zeitung geschrieben hat, wird's wahrlich schwerhaben. Vielleicht hatten Sie während Ihres Studiums bereits Kontakt mit Arbeitgebern: Praktikum, Semesterferien-Job, im Zusammenhang mit Ihrer Diplomarbeit etc.)
* bisherige Bewerbungserfahrung
  (Wer nach 131 Absagen die 132. Bewerbung abschickt, braucht viel Hoffnung und Mut, um weiterhin mit der notwendigen Selbstsicherheit und Überzeugungskraft auftreten zu können, aber es gibt keine Alternative.)
* »Vitamin B«
  (Spielen bei der Bewerbung Beziehungen eine Rolle, und haben Sie

diese? Sind Sie vielleicht Werkstudent, oder hat Ihre Diplomarbeit etwas mit dem Unternehmen (der Institution) zu tun? Sind Sie »Miki« oder »Kuki« – als Mitarbeiter- oder Kunden»kind« sticht man, selbst den Kinderschuhen entwachsen, vielleicht doch manchen Mitbewerber ohne Kontakte aus.)

* Persönlichkeitsmerkmale
(Als kontaktscheues Angsthäschen mit Schweißhändchen ist z.B. bei einer Bewerbung als Pharmareferent nur schwer ein Blumentopf zu gewinnen.)
* äußeres Erscheinungsbild
(Mit einer Irokesen-Frisur überzeugt man vielleicht einen Park-Bankdirektor, aber . . .)
* Alter
(Mit 36 und 18 Semestern Germanistik auf dem Buckel, liegt bei der Bewerbung in der Erwachsenenbildung eines Chemiekonzerns die Zukunft eher hinter einem.)

Dies sind zugegebenermaßen zum Teil recht drastische Beispiele, um zu verdeutlichen, worum es uns geht. Unsere kleine Aufstellung soll als Anregung dazu dienen, einmal darüber nachzudenken, welches die eigenen Plus- und Minuspunkte sind, die man in die Situation Vorstellungsgespräch einbringt.

Wenn Sie dazu neigen sollten, in einer Art Wiederholungszwang immer mit Männern um die 50 bereits nach wenigen Minuten in Streit zu geraten, weil Sie (unbewußt) an Ihren furchtbar streitsüchtigen Vater erinnert werden, darf Ihnen dies im Vorstellungsgespräch dennoch nicht passieren.

Ein wenig kritische Reflektion über die eigene Person und typische Charaktereigenschaften gehört mit zur Vorbereitung auf das Vorstellungsgespräch, zum Überdenken Ihrer Ausgangsposition.

Aber auch die Gegenseite hat ihre Ausgangsposition. Da ist die Arbeitsmarktsituation, die einen starken Einfluß hat. Als fertiger Germanist und dem Arbeitsplatzwunsch Lektorat in einem renommierten schöngeistigen Verlag sieht man sich mit zahllosen Mitbewerbern konfrontiert.

Hat der Personalchef viele oder wenige Angebote von Jungakademikern, handelt es sich um eine eher große oder kleine Firma, hat man es mit einem wirklichen Ausleseprofi einer Personalberatungsgesellschaft oder mit einem Personal-Amateur zu tun, wirkt sich dies alles garantiert spezifisch aus.

Und auch der Interviewer ist nur ein Mensch mit unterschiedlicher Tagesform und all seinen Fehlern und Schwächen. Wenn er gerade mit seiner eigenen Tochter oder seinem Sohn im Clinch liegt, könnte sich das bei Ihrem Gesicht (unbewußt) fortsetzen, ohne daß Sie von diesem Hintergrund etwas ahnen bzw. dafür können.

Ihre Ausgangsposition wird gestärkt, wenn Sie wissen, worauf es im Vorstellungsgespräch ankommt. Dazu gehört es, die Hintergründe und Intentionen dieses Ausleseverfahrens zu kennen. Diese haben wir Ihnen global bereits im vorigen Abschnitt erläutert.

Der nun folgende Abschnitt beschäftigt sich mit der Analyse und Informationsgewinnung und trägt damit zur Stärkung Ihrer persönlichen Ausgangsposition bei.

Informationsrecherche zu Beruf, Branche, Arbeitsplatzanbieter

Angenommen, Sie sind frisch gebackener Diplom-Pädadoge, wissen etwas mit dem Namen Montessouri anzufangen, bewundern immer noch Alexander S. Neils Summerhill-Experiment der antiautoritären Erziehung, haben auch schon mal etwas von der schwierigen Kindheit des englischen Posträubers Biggs gehört, aber bei Ihrer Bewerbung als pädagogischer Mitarbeiter in einer Jugendstrafanstalt, fällt Ihnen zum Thema »Neuere Entwicklungen und Konzepte im Jugendstrafvollzug« nichts Substantielles ein.

Hätten Sie doch bloß den letzten Jahrgang der Fachzeitschrift »Resozialisierung« in der Unibibliothek vor dem Bewerbungsgespräch quergelesen . . .

Als frisch diplomierter Betriebswirt können Sie möglicherweise den neuen ökologischen Marketingansatz als kybernetisches Strategiemodell nach Professor XY referieren, wissen aber auf die Frage des *Siemens*-Personalreferenten, wie denn die aktuelle Notierung der *Siemens*-Aktien in Frankfurt aussieht, keine befriedigende Antwort. Peinlich genug war schon, daß Sie auf die vorangehende Frage nach den Unternehmensaktivitäten in den neuen Bundesländern nur sehr ausweichend antworten konnten. Aber jetzt auch noch das Malheur mit der *Siemens*-Aktie . . .

Ohne Ihnen zu nahetreten zu wollen – aber Sie sollten als Jungakademiker wissen, wie man an Wissen gelangt. Folgende Basiskenntnisse sind zunächst unbedingt erforderlich:

- Aufgabengebiet und Umfeld des angestrebten Arbeitsplatzes,
- Branche und potentieller Arbeitgeber: Arbeitsmarktsituation, (Stimmung, Gewinner, Verlierer, Zusammenhänge), neuere Entwicklungen,
- wichtige Eckdaten zur Position des Unternehmens (der Institution) – wer tut was, mit welchem Erfolg?

Informationen dazu erhalten Sie z.B. direkt beim Unternehmen selbst (eventuell: Pressestelle), ansonsten sind Industrie- und Handelskammer, Fachzeitschriften (Bibliotheken) und Nachschlagewerke hilfreich. Aber auch Personen, die bereits in dem Beruf, in der Branche, in der Firma/Institution arbeiten, können Ihnen wichtige Insider-Informationen geben.

Gesprächsablauf und Fragenrepertoire

Wie nun das Vorstellungsgespräch im einzelnen abläuft, können Sie bis zu einem bestimmten Grad mit beeinflussen, ja sogar wesentlich steuern.

Beweis: Wetten, daß ein so ausgefallenes Hobby wie z.B. Reptilienzucht, eingefügt in den Lebenslauf (s.S. 60), Ihr Gegenüber verführt, mehr darüber von Ihnen wissen zu wollen?

Auch wenn dies ein wenig konstruiert klingen mag, es geht uns darum, Ihnen zu verdeutlichen, daß ein Teil der Fragen im Vorstellungsgespräch aus Ihren Angaben im Bewerbungsanschreiben, Lebenslauf und anderen Anlagen (z.B. Diplom) basiert.

Also weniger konstruiert: Die vier in einem Ihrer Prüfungsfächer könnte Anlaß für eine gezielte Frage sein (»Wie erklären Sie sich Ihre schwächeren Leistungen in . . . ?«).

Sollten Sie auf die Idee kommen, diese Frage mit den Worten »Das hätte ich selber gerne gewußt« zu quittieren, wird dies die weitere Gesprächsatmosphäre belasten.

Mit anderen Worten: Die Art und Weise, wie Sie antworten, wie ausführlich, in welchem Stil, was mitteilend usw. hat einen deutlichen Einfluß auf den weiteren Verlauf. Dazu wollen wir Ihnen noch einige wichtige Informationen geben, möchten aber zunächst einmal den typischen Ablauf mit den zu erwartenden Fragen vorstellen.

Übersicht: Ablauf und Themen des Vorstellungsgesprächs

1. Begrüßung und Einleitung des Gesprächs
2. Motive der Bewerbung und Leistungsmotivation
3. Ausbildung und berufliche Erfahrungen
4. Persönlicher, familiärer und sozialer Hintergrund
5. Gesundheitszustand
6. Berufliche Kompetenz und Eignung
7. Informationen für den Bewerber
8. Arbeitskonditionen
9. Fragen des Bewerbers
10. Abschluß des Gesprächs und Verabschiedung

Nach dieser Gesamtübersicht möchten wir Ihnen die einzelnen Themengebiete des Vorstellungsgesprächs näher erläutern. Dazu haben wir das folgende Schema gewählt:

* Frage(n)
* Hintergrund
* Hinweise

Jetzt im einzelnen zu den 10 Phasen des Vorstellungsgesprächs und dem üblicherweise eingesetzten Fragenrepertoire:

1. BEGRÜSSUNG UND EINLEITUNG DES GESPRÄCHS

Begrüßung, Händedruck und Vorstellung
Hintergrund: Es geht um den ersten Eindruck, die Kontaktaufnahme, das Äußere, Ihre Umgangsformen und Ihr Auftreten. Hier findet schon die erste Überprüfung Ihrer Anpassungsfähigkeit und -bereitschaft statt. Sind Sie pünktlich erschienen oder auf die letzte Minute, wirken Sie gehetzt, ängstlich-nervös oder ruhig, natürlich und gelassen – ohne übertriebene Selbstsicherheit oder sogar Arroganz?

Hinweise: Die bereits angeführten generellen Hintergrundaspekte zum Vorstellungsgespräch spielen von der ersten Minute an eine wichtige Rolle. Wer dem Personalchef unpünktlich, abgehetzt und transpirierend gegenübertritt oder wie unter Betablockern stehend, unterkühlt bis gelangweilt wirkt, oder sich gar deutlich genervt zeigt, weil er/sie 20 Minuten warten mußte, reagiert auf die Eröffnung der Schachpartie Vorstellungsgespräch nicht optimal.

Ein zu kräftiger Händedruck (Marke »Knochenbrecher«) oder verschämte Laschheit (»tote Hasenpfote«) erzeugen wenig Sympathie in den ersten, wichtigen Sekunden dieser für Sie bedeutsamen Begegnung mit Ihrem potentiellen Arbeitgeber.

Unsere Empfehlung: Freundlich anlächeln, mitten ins Gesicht schauen, angemessen (wieder)grüßen, falls Ihr Name noch nicht gefallen ist, stellen Sie sich ruhig namentlich deutlich gesprochen vor und versuchen Sie, sich den Namen Ihres Gesprächspartners einzuprägen. Letzteres kann dazu dienen, im Gespräch Ihr Gegenüber mit Namen direkt anzusprechen (nichts hört der Deutsche lieber als seinen eigenen Namen!). Auch für spätere Nachfaß-Aktionen (s. S. 160) ist es hilfreich zu wissen, mit wem man gesprochen hat.

Anmoderation, Small talk (»Wir danken Ihnen für Ihr Kommen, bla bla bla«)

Hintergrund: Ihre Gesprächspartner wollen Sie und sich selbst in einer sog. »Warming-up«-Phase ›auftauen‹, eine freundliche Gesprächsatmosphäre herstellen und Ihre eventuelle Verkrampfung und Prüfungsangst abbauen.

Hinweise: Das ist zunächst ganz nett, sollte Sie aber nicht dazu verführen, zu ausführlich auf die angebotenen Themen einzugehen (Wetter, Anreise, wie der Auswahltest war usw.).

Andererseits dürfen Sie das Gesprächsangebot aber auch nicht barsch ablehnen, etwa mit dem Unterton »Interessiert Sie das wirklich?« oder »Bin ich so weit hergereist, um jetzt übers Wetter zu reden?«

Angebote wie Kaffee, Rauchen oder gar Alkohol sind mit Vorsicht zu genießen. Bei Alkohol natürlich klare Ablehnung. Aber auch das Rauchen ist problematisch, vor allem, wenn Ihr Gegenüber keinen Ascher auf dem Tisch hat bzw. selbst keine Zigarette in den Händen. Die Nichtraucher sind auf dem Vormarsch und werden militant – besser, falls Sie überhaupt rauchen – Sie lehnen dankend ab. Rauchen ist nicht mehr in.

Gibt es eine Kaffeerunde oder werden andere Getränke wie z.B. Mineralwasser oder Saft angeboten, sollten Sie mitmachen und sich nicht ausschließen. Falls Sie einen Getränkewunsch äußern dürfen, machen Sie es nicht kompliziert, bringen Sie niemanden in Verlegenheit, vor allem nicht sich selbst. Nicht jede Bürogetränkebar hat Tomatensaft mit Salz und Pfeffer und kleinen Eisstückchen vorrätig.

Und noch eine Empfehlung: Finden Sie heraus (falls Sie es noch nicht wissen) – notfalls durch direktes Fragen – wieviel Zeit für Ihr Gespräch vorgesehen ist. Bei einem Einzelgespräch dürfte das kein Problem sein, bei einem Gruppen-Vorstellungsgespräch fallen Sie mit einer solchen Frage möglicherweise unangenehm auf.

Bereits in dieser »Warming-up«-Phase kann es passieren, daß Ihr Gegenüber die Gesprächsphase 8 (Informationen für den Bewerber) vorzieht. Dann wird über die Firma/Institution, die Produkte/Dienstleistungen und deren Bedeutung referiert. Hören Sie interessiert zu, möglicherweise erfahren Sie Dinge, die im späteren Gesprächsverlauf erneut Thema werden (z.B. dann, wenn man offen erzählt, wie man sich seinen »Traum-Kandidaten« für diesen Arbeitsplatz vorstellt, (mehr dazu s. S. 33).

2. MOTIVE DER BEWERBUNG UND LEISTUNGSMOTIVATION

Motive der Bewerbung

Frage:

* **Wie ist es eigentlich zu Ihrer Bewerbung als . . . bei unserem Unternehmen/unserer Institution gekommen?**
* **Was reizt Sie (besonders) an dieser Aufgabe/Position?**
* **Warum wollen Sie dies gerade bei uns, in unserem Unternehmen/unserer Institution machen?**

Hintergrund: Abchecken von Motivation (warum diese Wahl?) und Interesse. Wie fundiert ist beides? Ist dieser Arbeitsplatz/das Unternehmen erste oder zweite Wahl? Wie sind Image und Stellenwert des potentiellen Arbeitgebers bei Ihnen gewichtet, wissen Sie den eventuellen neuen Arbeitgeber zu schätzen?

Hinweise: Auf diese Standardfragen müssen Sie präzise vorbereitet sein, flüssig und gut formuliert wenigstens 10 Minuten referieren können. Es handelt sich mit um die wichtigsten, entscheidendsten Fragen und Themen im ganzen Gespräch!

Dabei darf der Unterhaltungs- und Spannungsfaktor auf keinen Fall zu kurz kommen, was Sie übrigens ganz generell für viele Antworten berücksichtigen sollten.

Frage:
* **Was erwarten Sie speziell von uns, was erhoffen Sie sich?**
* **Wie gut kennen Sie bereits unsere . . . (z.B. Produktion/Marktposition/Dienstleistungen usw.)?**
* Und noch einmal: **Warum interessieren Sie sich speziell für uns?**
* **Was ist aus Ihrer Sicht das Besondere an uns?** (Wiederholung)
* **Was interessiert Sie wirklich?** (Noch eine Wiederholungsfrage!)

Hintergrund: Weiterhin geht es um die Überprüfung Ihrer Motivation. Wie gut sind Sie vorbereitet, wie realistisch sind Ihre Einschätzungen? Kommt bei den Wiederholungsfragen Widersprüchliches zutage?

Hinweise: Wieder müssen Sie überzeugend argumentieren, auch bei den Wiederholungsfragen Geduld zeigen, variantenreich argumentieren und sich nicht in Widersprüche oder simple Wiederholungen verstricken. Machen Sie deutlich, daß Sie sich auf die beruflichen Aufgaben und den potentiellen Arbeitgeber präzise vorbereitet haben.

Frage:
* **Wie stellen Sie sich Ihre Tätigkeit bei uns vor?**
* **Gibt es auch noch andere Aufgaben/Positionen, die interessant für Sie wären (welche und warum)?**

Hintergrund: Die Fragen zur Überprüfung der Qualität Ihrer Vorbereitung werden konkreter und detaillierter. Wie überzeugend ist Ihre Darstellung, und wie ziehen Sie sich auch bei schwierigen Fragen aus der Affäre?

Hinweise: Die zweite Frage hat es in sich. Angenommen, Sie sind Betriebswirtschaftler und bewerben sich bei einem Chemie-Multi, der einen Junior-Produktmanager für den Aufgabenbereich einer neuen Serie von Kosmetikartikeln sucht. Jetzt werden Sie mit dieser Frage konfrontiert, und eines Ihrer besonderen universitären Interessengebiete war die Logistik. Wenn Sie nun mit leuchtenden Augen über Unternehmenslogistik philosophieren, provozieren Sie wahrscheinlich nicht zu unrecht Überlegungen, ob Sie für diese Position wirklich der richtige Kandidat sind.

Mit anderen Worten: Hier handelt es sich um einen Motivationstest. Bei fast jeder Antwort befinden Sie sich auf einer gefährlichen Gratwanderung. Die eine Seite des »Abgrundes« besteht in der Gefahr, den Eindruck zu erwecken, Ihr Herz schlage in Wirklichkeit für eine andere Tätigkeit; die anderen Gefahrenpunkte sind Einseitigkeit, Unflexibilität, Phantasielosigkeit und Unglaubwürdigkeit.

Dazu noch ein grob vereinfachtes, aber plastisches Beispiel, da unser Buch ja nicht nur Wirtschaftswissenschaftlern dienen soll:

Sie sind bei einem kompetenten Hobbykoch zum Essen eingeladen. Es gibt Hühnchen mit einem gewissen Zubereitungsaufwand. Vor der Mahlzeit fragt Sie der Koch, was Sie eigentlich gerne essen, vielleicht sogar, was Ihr Lieblingsgericht ist. Wenn Sie jetzt antworten: »Würstchen mit Kartoffelsalat«, wird sich dies eindeutig auf dem Gesicht des Kochs niederschlagen. Wenn Sie dagegen mit leuchtenden Augen behaupten, Hühnchen sei Ihr Lieblingsgericht, wird das doch ein gewisses Maß an Zweifel auslösen, ob es sich nicht um eine Gefälligkeitslüge handelt. Hinzu kommen bei beiden Antworten Zweifel an Ihrer Gourmet-Kompetenz.

Eine diplomatische Antwort ist gefordert, etwa in Richtung: »Ich freue mich sehr, daß es heute Hühnchen gibt. Ich esse überhaupt Geflügel sehr gerne«. Erst auf weitere Fragen sollte man konkreter auf Entenbraten bzw. Putenbrust zu sprechen kommen.

Noch einmal zusammengefaßt: Hier geht es um die Überprüfung von Motivation, Anpassung, Glaubwürdigkeit, diplomatischem Geschick und nicht zuletzt um den Respekt vor dem Narzißmus des Interviewers (Arbeitsplatzanbieters).

Man darf im Vorstellungsgespräch nicht der Gefahr erliegen, den (firmen- und aufgabenbezogenen) Narzißmus des Interviewers durch eine ungeschickte, wenig reflektierte Antwort zu kränken.

Frage:
* **Haben Sie einen besonderen Bezug zu unserem Unternehmen?**
* **Kennen Sie Mitarbeiter aus unserem Haus?**
* **Was haben die Ihnen denn so alles über uns erzählt?**

Hintergrund: Wertschätzung der Firma? Woher beziehen Sie Ihre Informationen? Wissen Sie, was man wie sagt und was man lieber für sich behält?

Hinweise: Ein persönlicher Bezug zum Unternehmen ist von Vorteil. Wenn Sie sich auf diese Frage vorbereitet haben und die Auskunft glaubwürdig klingt, sammeln Sie Pluspunkte.

Lassen Sie sich nicht dazu hinreißen, aus der internen Firmen-Gerüchteküche zu plaudern. Bevor Sie angeben, jemanden aus dem Unternehmen zu kennen, müssen Sie wissen (erahnen) wie dessen Position und Ansehen ist.

Frage:
* **Wofür interessieren Sie sich noch beruflich?**
* **Wo haben Sie sich noch beworben?**
* **Gibt es schon konkrete Verhandlungen bzw. Ergebnisse?**

Hintergrund: Wieder geht es um die Motivation, die Ernsthaftigkeit Ihrer Bewerbung, die Wertschätzung gegenüber diesem speziellen potentiellen Arbeitgeber. Ist diese Firma erste Wahl oder rangiert sie irgendwo unter ferner liefen? Setzen Sie alles auf eine Karte oder haben Sie 100 Bewerbungsschreiben ausgestreut?

Hinweise: Die Aufforderung, Berufswahl- und Arbeitsplatzphantasien zu entwickeln, ist keine Überprüfung Ihrer Kreativität, sondern eher eine Falle. Wie hoch ist Ihre Identifikation mit diesen Aspekten?

Generell: Achten Sie auf die Gefahr einer möglichen narzißtischen Kränkung Ihres Gegenübers (siehe oben). Sich nur bei einer Firma beworben zu haben, ist unrealistisch und unglaubwürdig. Sich aber bei allen Chemiegiganten gleichzeitig z.B. als Pressereferent zu empfehlen, macht Sie verdächtig und kostet wertvolle Sympathiepunkte.

● *Reden ist Silber, Ver-Schweigen ist Gold.*
– Vielen Dank, Frau Voss, für diesen kleinen, feinen Hinweis.

Also auch: kein Wort über Absagen und Fehlschläge oder parallele Verhandlungen. Motto höchstens: Es gibt da ein, zwei Kontakte, aber alles ist noch in der Schwebe ... Das provoziert die Frage: »Und wo würden Sie am liebsten ...« »Natürlich bei Ihnen ...«

Leistungsmotivation

Frage:
* **Was hat für Sie Priorität bei der Arbeit?**
* **Wie stellen Sie sich im Idealfall Ihre Arbeit vor?**
* **Was sind die Vor- und Nachteile der angebotenen Position?**
* **Wie wollen Sie damit umgehen?**

Hintergrund: Wie intensiv haben Sie sich mit diesen Themen bereits auseinandergesetzt, wie sind Ihre Fähigkeiten bezüglich einer realistischen Einschätzung? Was für eine »Arbeits-Persönlichkeit« sind Sie? Wie präsentieren Sie sich, welche Merkmale (auch: Persönlichkeit) zeigen Sie, bzw. lassen Sie erkennen? Welche Prognose kann man bei Ihnen aus Arbeitgebersicht wagen?

Hinweise: Stellen Sie sich geschickt an im Umgang mit schwierigen, weil komplexen Themen. Nicht in Details verlieren (verlieben), nicht zu sehr »Überflieger« sein. Das realistische Mittelmaß – aber auch nicht zu glatt – wird belohnt. Wer hier in ein 20minütiges monologartiges Referat verfällt, oder Extrempositionen vertritt (z.B. »die 30-Stunden-Woche«), ist »out«.

Frage:
* **Wenn wir Ihnen diese Position/Aufgabe nicht anbieten könnten aber dafür eine andere – wären Sie interessiert?**

Hintergrund: Leistungsmotivation und Anpassungsbereitschaft.

Hinweise: Es bestehen klare Parallelen zur Frage »Gibt es noch andere Aufgaben bei uns, die für Sie interessant wären« (s.o.).

Auch hier ist wieder eine Gratwanderung, ein Balanceakt gefordert. Zunächst brauchen Sie mehr Informationen (was für eine Aufgabe – einen Direktoren- oder einen Pförtnerposten?). Mögliche Gefahren bei der Antwort: 1. Ihre Motivation für die spezielle aktuelle Bewerbung erscheint als zu gering. 2. Flexibilität und Anpassungsbereitschaft ist unterentwickelt. In der Tendenz: Ich habe mich zwar auf die konkrete Position beworben, würde aber gerne generell für Ihr Unternehmen arbeiten, wenn Sie mir eine akzeptable Alternative anbieten ...

Frage:
* **Auf welche (berufsrelevanten) Leistungen in Ihrem Leben sind Sie besonders stolz?**
* **Und jetzt zu den Mißerfolgen ...**

Hintergrund: Was haben Sie als Leistungsbeweis anzubieten?

Hinweise: Ihr mögliches Erschrecken beim Lesen dieser Frage (»Mein Gott, was würde ich denn darauf antworten«) dokumentiert noch einmal die Sinnhaftigkeit der Vorbereitung und erspart das Erschrecken mit nachfolgendem Stammeln oder Verplappern in der Realsituation.

Frage:
* **Wie sehen Sie Ihre Zukunft?**
* **Was sind Ihre Ziele?**
* **Was möchten Sie in fünf und in zehn Jahren erreicht haben?**

Hintergrund: Wieder geht es um Leistungsbereitschaft und Motivation, um »Biß«, Drive, visionäre Begabung und Zukunftsplanung.

Hinweise: Als leistungsmotivierter Mitarbeiter sind Sie zuversichtlich, was Ihren beruflichen Werdegang betrifft. Aber: Exponieren Sie sich nicht zu sehr, damit man vor Ihnen keine Konkurrenzangst bekommt (etwa im Sinne von: heute Stift, übermorgen Chef ...).

3. AUSBILDUNG UND BERUFLICHE VORERFAHRUNGEN

Frage:
* **Wie sah Ihr Ausbildungsgang aus?**
* **Aus welchen Gründen haben Sie sich für das Studium ... entschieden?**
* **Und warum jetzt für diesen Beruf/diese Fachrichtung?**

Hintergrund: Planung oder Zufall? Motivation für Ausbildung/Berufswahl? Zusammenhang Ausbildung/Berufswahl/Arbeitsplatz?

Hinweise: Was Sie in Ihren Bewerbungsunterlagen kunstvoll zu Papier gebracht haben, müssen Sie jetzt überzeugend und ggf. auch ausführlich darstellen und begründen können. Mit dem Hinweis »Das steht doch bereits alles schon in meinen Unterlagen!« katapultieren Sie sich aus dem Bewerbungsverfahren.

Frage:
* **Wie war es für Sie an der Universität?**
* **Waren Sie gerne Student?**
* **Warum haben Sie an der Universität XY studiert?**

Hintergrund: Universität = Arbeitsplatz. Ihre Identifizierung mit dem Studenten-Status und Ihre damalige Leistungsmotivation lassen Rückschlüsse auf Ihr zukünftiges Arbeitsverhalten zu.

Haben Sie ein Bewußtsein für den fachspezifischen Ruf Ihrer Ausbildungsstätte?

Hinweise: Bei der offenen Frage Universität... haben Sie einen breiten Gestaltungsspielraum für Ihre Antwort. Wenn Ihnen da als erstes das schlechte Mensaessen »hochkommt«, können Sie sich demnächst ja immer noch als Koch oder Lebensmittelchemiker bewerben.

Sie waren naturgemäß gerne Student, möchten jetzt aber in der »Erwachsenenwelt« etwas leisten, beweisen, das erworbene Wissen endlich anbringen.

Bleiben Sie gelassen, wenn man Ihnen vorhält: »Wie konnten Sie nur Mathematik an der Universität XY studieren, wo doch die wirklichen Kapazitäten an der Uni in Z sind...?«

Frage:
* **Was waren Ihre universitären Ausbildungsschwerpunkte?**
* **Wie sind Sie mit Ihren Unileistungen zufrieden?**
* **Was fiel Ihnen in diesem Zusammenhang besonders leicht bzw. schwer?**
* **Fühlen Sie sich von Ihren Leistungen her gerecht beurteilt?**
* **Warum nicht?**

Hintergrund: Was haben Sie an der Universität gelernt und geleistet, was nicht und warum? Wie ist der Bezug zum angestrebten Arbeitsplatz? Eventuelle Autoritätskonflikte (am Beispiel Leistungsbeurteilung/Zufriedenheit) interessieren.

Hinweise: Sie sind vorbereitet und können Ausbildungsschwerpunkte in ihrem Bezug zum angestrebten Arbeitsplatz überzeugend darstellen. Vermeiden Sie es, bei der Leistungsbeurteilung und Ihrer Einschätzung dazu, zu sehr ins Detail zu gehen. Nur keine Klagen wegen ungerechter Behandlung!

Frage:
* **Können Sie uns noch einmal Ihre ganz persönlichen Interessen- und Ausbildungsschwerpunkte verdeutlichen?**
* **Wie kam es zu diesen?**
* **Sind Sie mit Ihrer universitären Ausbildung zufrieden?**
* **Warum bzw. warum nicht (bitte differenziert!)?**
* **Würden Sie noch einmal diesen Weg einschlagen?**
* **Haben Sie den Eindruck, jetzt gut auf die neuen beruflichen Aufgaben durch Ihre Ausbildung vorbereitet zu sein?**

Hintergrund: Können Sie überzeugend auftreten, sich selbst gut präsentieren? Sind Sie Optimist oder Pessimist? Haben Sie sich während Ihrer Studienzeit die Basis für eine berufliche Identität erworben?

Hinweise: Der Ton macht die Musik, häufig geht es weniger um die konkreten (zwanghaft aufgelisteten) Inhalte als um die Art und Weise, **wie** Sie was darstellen. Sie sind (nicht bedingungslos) Optimist und von sich (angemessen) überzeugt. Das sollte sich auf Ihre Zuhörer übertragen. Nur keinen Raum für Zweifel aufkommen lassen.

Frage
* **Rückblickend auf Ihre Ausbildung: Was sehen Sie kritisch, was würden Sie ändern wollen?**

Hintergrund: Wie teilen Sie Kritik aus? Angemessen oder negativistisch-kritiksüchtig?

Hinweise: Es kann nicht darum gehen, daß Sie als notorischer Besserwisser jetzt ein Auditorium gefunden haben, dem Sie Ihre Umgestaltungspläne im Rahmen einer kompletten Hochschulreform referieren. Wer sich hier zu kritisch exponiert, läuft Gefahr, ganz gravierende Minuspunkte zu sammeln.

Frage:
* **Was für andere Fähigkeiten, als die jetzt für diesen Beruf relevanten ... haben Sie sich noch zusätzlich angeeignet?**
* **Was würden Sie jetzt noch gern studieren?**

Hintergrund: Horizontüberprüfung. Leistungsmotivation. Ewiger Student? (Perpetuierung einer infantilen Position?)

Hinweise: Zeigen Sie, daß Sie sich für mehr als nur für ... interessiert haben bzw. interessieren. Aber entwickeln Sie keine neuen Studierpläne, Sie versuchen doch gerade, in die Berufswelt einzusteigen.

Frage:
* **Welche Erfahrungen mit der Berufswelt haben Sie bereits gemacht?**
* **Wie haben Sie Ihre Ausbildungszeit finanziert?**

Hintergrund: Sind Sie nur Theoretiker oder haben Sie sich schon einmal im Berufsalltag bewährt? Wer hat Ihre Ausbildung bezahlt?

Hinweise: Sie kennen die Arbeitswelt nicht nur aus Büchern. Ein Beweis dafür ist, daß Sie sich einen Teil Ihres Lebensunterhaltes während der Studienzeit selbst erarbeitet haben.

Frage:
* **Warum hat Ihre Ausbildung/Schulzeit/Uni so lange gedauert?**
* **Warum sind Sie ein 2. Bildungswegler?**
* **Warum haben Sie nicht promoviert?**
* **Warum haben Sie nicht noch zusätzlich dies oder das gemacht, studiert etc.?**

Hintergrund: Wie gehen Sie mit streßinterviewähnlichen Fragen bezogen auf Ihren Ausbildungsgang um?

Hinweise: Gelassen bleiben und angemessen Auskunft geben. Keine Entschuldigungen oder langatmige Rechtfertigungen.

Frage:
* **Berichten Sie uns etwas über Ihre Bundeswehr- bzw. Ersatzdienstzeit.**

Hintergrund: Der gleiche wie bei anderen allgemein gehaltenen Fragen dieser Art (z.B. »Wie war es an der Uni?«).

Hinweise: Empfehlung: Bloß nicht meckern, möglichst schnell zu anderen Themen überleiten, es sei denn, Sie haben mit Freude gedient und jetzt einen Militaristen vor sich (selten) oder mit flammendem Herzen als Zivi geschuftet und Ihr Gesprächspartner ist ein verkappter Sozialarbeiter (auch sehr selten).

4. PERSÖNLICHER UND FAMILIÄRER HINTERGRUND

In dieser Gesprächsphase kann man eine Unterteilung in drei Bereiche vornehmen:
- Wer und wie sind Sie?
- Mit wem leben Sie zusammen, und wie sind diese Personen?
- Wie sieht Ihr erweitertes soziales Umfeld aus?

Zu Ihrer Person:

Frage:
* **Wir wollen Sie gerne kennenlernen, erzählen Sie etwas über sich.**
* **Wie würden Sie sich kurz charakterisieren?**

Hintergrund: Ein umfassender Persönlichkeitstest, der nur eine einzige Frage benötigt. Ein unverstellter Versuch, in die Schränke und Schubladen Ihrer Persönlichkeit zu schauen. Es geht darum, die dunkle Seite des Mondes zu entdecken und einen weiteren, sehr wichtigen Mosaikstein zur zentralen Frage des Bewerbungsverfahrens hinzuzugewinnen: Paßt der Bewerber in unser Unternehmen?

Hinweise: Hier haben Sie es quasi mit aufdringlichen Besuchern, unter Umständen mit »Einbrechern« zu tun, und es liegt an Ihnen, sich darauf vorzubereiten. Wichtig: Beginnen Sie bei sog. offenen Fragen wie dieser immer erst damit, die berufliche Ebene anzusprechen und später – wenn überhaupt notwendig – die private.

Frage:
* **Was sind Ihre Stärken/Schwächen?**
* **Was ist Ihr größter Erfolg/Mißerfolg (beruflich/privat)?**

Hintergrund: Wie stellen Sie sich dar? Wie glaubwürdig wirken Sie dabei? Kann man Schwächen entdecken?

Hinweise: Mit Gelassenheit sowohl die positiven als auch einige harmlose negative Dinge darstellen und vertreten (die berufliche Seite zuerst; vielleicht geht der Interviewer schon zur nächsten Frage über, bevor Sie zur Darstellung der Schwächen und Mißerfolge im privaten Bereich kommen). Überlegen Sie sich genau, welche Offenheit Sie sich bei Schwächen oder Mißerfolgen leisten können. Nicht vergessen: Sie befinden sich nicht beim Psychiater auf der Couch oder im Beichtstuhl!

- *Apropos Couch, Frau Voss. Kennen Sie den? Kommt ein Mann zum Psychiater. ›Was sind Sie von Beruf?‹, fragt ihn der Psychiater. ›Kraftfahrzeugschlosser‹ – ›na dann legen Sie sich gleich mal unter die Couch‹.*
- *Apropos Couch, Herr Mühsam. Treffen sich zwei Hunde. ›Wie geht's?‹, fragt der eine den anderen. ›Gar nicht gut‹. ›Such doch mal einen Psychiater auf‹, empfiehlt ihm der andere. ›Geht nicht – ich darf doch nicht auf der Couch liegen.‹*

Frage:
* **Was schätzen Sie an anderen, was nicht? (Arbeitskollegen/Vorgesetzte/Freunde/Bekannte)**

Hintergrund: Persönlichkeitsdiagnostik.

Hinweise: Hier ist zu beachten, daß jede Aussage über andere immer auch eine Mitteilung über Sie selbst bedeutet.

Frage:
* **Warum sollten wir gerade Sie einstellen?**

Hintergrund: Ein Test Ihres Selbstbewußtseins und Selbstvertrauens. Sind Sie in der Lage, die für Sie sprechenden Eigenschaften bei der angestrebten Position prägnant zusammenzufassen?

Hinweise: Obwohl diese Frage zu den absoluten Standardfragen gehört, trifft sie viele Bewerber völlig überraschend und unvorbereitet. Ihnen sollte es nicht so gehen. Das ist Ihre große Chance. Aber bitte keinen 20-Minuten-Monolog (Vorschag: Argumentation 1., 2., 3., ... reicht aus).

Frage:
* **Was machen Sie in Ihrer Freizeit?**
* **Was für Hobbys haben Sie?**

Hintergrund: Kennenlernen der »ganzen Person«, Interessenspektrum, Besonderheiten, Hobbys, kulturelle Aktivitäten.

Hinweise: Die Beantwortung sollten Sie nicht dem Zufall überlassen, und die Antwort »Polospielen« macht einen anderen Eindruck als die Beschäftigung mit Briefmarken. (Vorsicht beim Bluffen – auf Nachfragen vorbereitet sein!)

Frage:
* **Was lesen Sie gerne?**
* **Was zuletzt und wie hat es Ihnen gefallen?**

Hintergrund: Immer weiter und tiefer in Sie hinein ... Etwas Verwertbares wird schon zu finden sein.

Hinweise: Na klar gehören Sie zu den Menschen die lesen (können). Und da Sie sich vorher überlegt haben, was Sie Kluges, Interessantes, Amüsantes, Unterhaltsames antworten wollen, haben Sie jetzt die große Chance. Also langweilen Sie nicht mit dem letzten Simmel. Mehr Staat zu machen wäre beispielsweise mit Machiavelli, verblüffen können Sie auch mit Seneca. Schillers »Räuber« dagegen klingen verdammt nach Schullektüre, und der letzte Konsalik ist auch nicht ganz adäquat. Wie wär's für unpolitische Seelen unter uns mit Wolfram Siebecks neuestem Kochbuch? Also demonstrieren Sie Phantasie ...

Frage:
* **Sind Sie häufig lieber für sich allein oder mit anderen zusammen?**
* **Arbeiten Sie lieber in einem Team oder allein für sich?**
* **Was bedeutet für Sie Zusammenarbeit mit anderen?**

Hintergrund: Extra- oder introvertiert – das ist hier die Frage. Sind Sie lieber Einzelkämpfer oder Gruppenmensch?

Hinweise: Was wäre wohl bei der von Ihnen angestrebten Position eher gefragt? Heutzutage werden besonders teamfähige Leute gesucht – auch wenn dann später in der Realität jeder gegen jeden (an)tritt.

Frage:
* **Mit was für Menschen arbeiten Sie gern/ungern zusammen?**
* **Hatten Sie schon mal Schwierigkeiten, mit anderen zurechtzukommen? (Wenn ja:)**
* **Mit wem, warum, wie sind Sie damit umgegangen, was haben Sie daraus gelernt, welche Konsequenzen gezogen?**

Hintergrund: Es geht weiter ganz unverstellt zur Sache (Psychodiagnostik) – oder: Wie ist es um Ihr Konfliktlösungspotential bestellt?

Hinweise: Wenn es Ihnen bei diesen Fragen die Sprache verschlägt, spricht das gegen Sie. Jeder Mensch bevorzugt bestimmte Arbeitspartner und hat schon mal Schwierigkeiten mit anderen gehabt. Nur gerade jetzt müssen Sie wissen, was Sie darüber preisgeben wollen und auf welche Weise.

Frage:
* **Worüber können Sie sich so richtig ärgern?**
* **Was macht Sie wütend?**
* **Was bereitet Ihnen Sorgen?**

Hintergrund: Psychodiagnostik. Wie gehen Sie mit diesen Fragen um, kann man Sie damit ärgern oder gar verängstigen?

Hinweise: Machen Sie sich nicht ganz zu (nicht verkrampfen), aber lassen Sie auch nicht die Katze aus dem Sack (oder noch drastischer: »die Sau raus«). Bei diesen Fragen ständen Sie unvorbereitet ziemlich geschockt mit dem Rücken an der Wand und hätten das Gefühl, beim Öffnen einer Sardinendose unmittelbar zugegen zu sein.

Da Sie hier eigentlich nur die Wahl zwischen Pest und Cholera haben, also nur schlechte Zensuren ernten können, kommt es darauf an, diese kritische Streß-Interview-Phase (s.S. 146) mit Format durchzustehen. Weichen Sie nicht auf, sondern aus: auf (relativ) Unverfängliches (die letzte Heimniederlage Ihres Lieblingsclubs, Ihre Schwiegermutter, Hundekot auf der Straße, die Vernichtung von Lebensmitteln im EG-Raum, Sadam Hussein, schlechte kulturelle Leistungen, Ihr Lieblingsstück, Theater- und Konzertaufführungen betreffend usw.).

Auch das Sorgen-Thema müssen Sie ähnlich geschickt umschiffen (Claudia Schiffer oder wer verdient mal unsere Rente – besser nicht). Eine Herausforderung an Ihre Inszenierungsbegabung für das Ohnsorg-Theater.

Frage:
* **Wie gehen Sie mit Kritik um?**

Hintergrund: Wieder so eine Persönlichkeitstestfrage.

- *Wenn ich das so lese, könnte ich mir gut eine schlaflose Nacht vorstellen. Wie geht es denn Ihnen dabei, Herr Mühsam?*
- *Ach wissen Sie, Frau Voss, ich möchte mit Robert Koch antworten: Nichts wird so heiß gegessen, wie es gekocht wird. Ich lass' mich hier nicht bangemachen.*
- *Möllemann, Herr Mühsam.*

Hinweise: Schlafstörungen in der Vorbereitungsphase können wunderbar dazu benutzt werden, sich Antworten auszudenken. Also: Es kommt sicherlich immer darauf an, wer, wann, wie und weshalb kritisiert. Kritik bringt Sie nicht um (auch nicht solche Fragen), aber vielleicht weiter.

Frage:
* **Was sind Ihre ganz persönlichen Lebensziele?**
* **Was möchten Sie persönlich für sich in naher/ferner Zukunft erreichen?**

Hintergrund: Lebensplanung und Zielsetzungen beruflicher wie privater Art gehören zum Idealbild des »guten« Bewerbers.

Hinweise: Lernen, Leistung, Vorwärtskommen. Haben Sie ein Gespür dafür, was man hier wohl von Ihnen hören will. Achtung: Es geht primär um Berufliches – vermeiden Sie private Offenbarungen.

● *Wissen Sie, Frau Voss, mich beschäftigt zum Thema Zukunft schon lange die Frage: Gibt es ein Leben vor dem Tod? Dazu habe ich leider weder bei Küng noch bei Drewermann eine Antwort gefunden.*
● *Herr Mühsam, Sie wirken heute auf mich aber ein bißchen sehr melancholisch, als ob Sie die Zukunft schon hinter sich hätten.*
● *Kann Sie das noch erstaunen, Frau Voss? Ich dachte immer, Sie würden mich nun wirklich lange genug kennen.*
● *Genug lass' ich gelten, Herr Mühsam.*
– Genug, genug, Frau Voss, Herr Mühsam. Wenden wir uns jetzt dem familiären Rahmen zu.

Zu Ihrer Familie:

Frage:
* **Wie sieht Ihre aktuelle Lebenssituation aus?**

Hintergrund: Mit wem leben Sie? Allein, in einer WG, mit Lebens- oder Ehepartner?

Hinweise: Verliebt, verlobt, verheiratet, geschieden? Alles Dinge, die den Arbeitgeber eigentlich nichts angehen. Aber allzu häufig fragt er nun mal leider danach. Und wenn Sie dann beichten müssen, noch immer mit Ihrer 93jährigen Frau Mama zusammenzuleben, entstehen grundsätzliche Zweifel an Ihrer Muttivation.

Frage:
* **Stellen Sie uns doch bitte mal Ihre Familie vor.**

Hintergrund: Hintergrundinformationen über den Bewerber und das Milieu, das ihn umgibt und aus dem er kommt.

Hinweise: Welche Familie? Gehen Sie nicht zu sehr ins Detail, Sie müssen sich nicht rechtfertigen, warum Sie z.B. verheiratet sind oder warum nicht, warum Sie Kinder haben oder keine.

Sollten Sie noch jünger sein (deutlich unter 30) und zum Thema eigene Familie noch nichts zu bieten haben, wird man Sie auf Ihre Herkunftsfamilie ansprechen. Etwa so:

Frage:
* **Was machen Ihre Eltern beruflich und wo?**
* **Was sind Ihre Geschwister von Beruf?**

Hintergrund: Abchecken der sozialen Verhältnisse. Gibt es bezüglich Ihrer Berufswahl Verbindungen bzw. Einflüsse?

Hinweise: Können Sie ggf. familiäre Vor- oder Leitbilder für Ihre Berufswahl benennen, ist das nicht unbedingt von Nachteil.

Frage:
* **Was sagt Ihr Lebenspartner zu Ihren Plänen? (Probleme? Evtl. Umzug/Arbeitszeiten etc.)**

Hintergrund: Bekommen Sie Unterstützung? Ist Ihr Lebenspartner mit Ihren Plänen einverstanden oder gibt es da Hemmnisse?

Hinweise: Wer hier nicht überzeugend positiv auftritt oder gar zugeben muß, noch nichts besprochen, nichts geklärt zu haben, sammelt Minuspunkte.

Frage:
* **Wie stellen Sie sich Ihre familiäre Zukunft vor?**
* **Wollen Sie heiraten, eine Familie gründen?**

Hintergrund: Genügen Sie den gängigen »gutbürgerlichen« Klischeevorstellungen?

Hinweise: Hier brauchen Sie nicht wirklich Ihre privaten Zukunftsvorstellungen zu offenbaren – machen Sie es für sich und Ihr Gegenüber unkompliziert. Verweisen Sie darauf, daß zunächst einmal der Berufseintritt ganz und gar im Vordergrund steht. Vermeiden Sie um Himmels willen eine Extremposition wie »Heiraten und Kinder kommen für mich nicht in Frage«. Das provoziert Fragen und Mißtrauen.

Zu Ihrem sozialen Hintergrund:

Frage:
* **Gibt es Bereiche, in denen Sie sich besonders engagieren?**

Hintergrund: Gibt es politische oder soziale Prioritäten, für die Sie sich bisher engagiert haben (Parteien, Gewerkschaften, Bürgerinitiativen, Kirche, Vereine, soziale Institutionen – z.B. Anonyme Alkoholiker, Spastikerhilfe, Greenpeace etc.)?

Hinweise: Machen Sie sich bewußt, welches Bild Sie von sich entwerfen, wenn Sie sich zu dem einen oder anderen sozialen Engagement bekennen.

Frage:
* **Mit was für Menschen sind Sie gern zusammen?**

Hintergrund: Sie kennen sicher das Sprichwort: Zeige mir Deine Freunde und ich sage Dir, wer Du bist.

Hinweise: Alles, was Sie über andere Personen sagen, läßt Rückschlüsse auf Ihre eigene Person zu.

Frage:
* **Was machen Sie lieber mit anderen zusammen, was lieber alleine?**

Hintergrund: Einerseits: Wie kommunikativ, wie teamfähig sind Sie? Andererseits: Haben Sie Führungsqualitäten, sind sie Einzelkämpfer? Auch Persönlichkeitsaspekte wie Dominanz versus Gefügigkeit sowie Anpassungs- und Einordnungsbereitschaft werden hier erforscht.

Hinweise: Ohne sorgfältige Vorbereitung (mit dem Bewußtsein: ich weiß, was ich sage und wie man das interpretieren kann) könnten Sie auch gleich als schlecht bezahlter Kandidat bei Egon-Hugo Balders »Tutti frutti« strippen gehn.

5. GESUNDHEITSZUSTAND

Frage:
* **Waren Sie schon mal krank?**
* **Gibt es gesundheitliche Einschränkungen mit beruflichen Auswirkungen?**
* **Krankenhausaufenthalte/Unfälle/Allergien/Schwangerschaft?**

Hintergrund: Es geht um Ihre uneingeschränkte gesundheitliche Leistungsfähigkeit.

Hinweise: Absolute Gesundheit gibt es wohl heutzutage sicherlich nicht mehr. Lassen Sie trotzdem keine Zweifel daran aufkommen, daß es bei Ihnen keine berufsrelevanten Beeinträchtigungen gibt (Sie sind hier ja nicht beim Arzt; s. auch Rechtsprobleme des Vorstellungsgesprächs, S. 152).

Der Arbeitgeber darf sich nur nach aktuellen Erkrankungen erkundigen, die die berufliche Leistungsfähigkeit einschränken. Hier werden sehr häufig die rechtlich zulässigen Frage-Grenzen überschritten – also aufgepaßt! Sollten Sie Zweifel haben, ob Sie ganz gesund sind, fragen Sie Ihren Arzt, aber lassen Sie keine Zweifel im Vorstellungsgespräch aufkommen. Bagatellerkrankungen, auch ein kleinerer Heuschnupfen, gehen den Arbeitgeber nichts an.

Frage:
* **Waren Sie im letzten Jahr mehr als zweimal beim Arzt?**
* **Haben Sie einen Hausarzt?**

Hintergrund: Fangfragen zur Überprüfung des Gesundheitszustandes im Hinblick auf vom Arbeitgeber befürchtete häufige Fehlzeiten.

Hinweise: Achtung, aufgepaßt – nicht (ver)plappern. Das sind üble Rhetoriktricks, auf die man nicht hereinfallen darf (siehe dazu auch S. 136).

6. BERUFLICHE KOMPETENZ UND EIGNUNG

Frage:
* **Wie gut kennen Sie sich in unserer Branche/unserem Metier aus? Erzählen Sie! (z.B. Marktsituation, -führer, Stimmung, Probleme, Stärken und Schwächen des Arbeitgebers etc.)**

* **Kennen Sie ... (dieses Verfahren, die Person, die Diskussion um, etc.)?**

Hintergrund: Wie sieht Ihr aktueller (Fach-)Wissensstand aus? Können Sie kompetent mitreden, einschätzen, beurteilen?

Hinweise: Hier gilt das schon mehrfach zum Thema Vorbereitung/ Recherche Gesagte. Sollten Sie bei einer Frage trotz guter Vorbereitung nicht wissen, worum es geht, bekennen Sie sich dazu. Es macht Sie nicht unsympathisch, wenn Sie in Maßen Kenntnislücken zugeben. Möglicherweise handelt es sich auch um eine Testfrage, mit der man Sie aufs Glatteis führen will und das XYZ-Verfahren z.B., von dem man suggestiv behauptet, daß Sie das sicherlich kennen würden, existiert überhaupt nicht.

Frage:

* **Warum haben Sie an der XY-Uni studiert, wo doch die Experten auf dem Gebiet ... da bzw. dort sind?**

Hintergrund: Wie gehen Sie mit dieser provokativen Frage um, und können Sie fachlich kompetent gegenhalten bzw. glaubwürdig überzeugen?

Hinweise: Gelassen bleiben. Wenn Ihr Ausbildungsgang und -ort so unmöglich wäre, hätte man Sie sicherlich nicht zum Vorstellungsgespräch eingeladen.

Frage:

* **Welche besonderen Ausbildungsschwerpunkte haben Sie sich selbst gesetzt und warum?**

Hintergrund: Beweisen Sie Kompetenz in der Planung, und wie sieht Ihr persönliches Controlling aus? Welche Kompetenz für die jetzt zu besetzende Position läßt sich aus den Ausbildungsschwerpunkten ableiten, und ist dieser Zusammenhang überzeugend?

Hinweise: Können Sie überzeugen, oder verschlägt es Ihnen die Sprache, weil Sie sich auf derartige Fragen weder eingestellt noch vorbereitet haben?

Frage:

* **Wie sind Sie zu dem Thema Ihrer Diplomarbeit gekommen?**

* **Können Sie uns einmal kurz die Ergebnisse Ihrer Arbeit darstellen?**

Hintergrund: Haben Sie durch die Planung und Gestaltung Ihrer Diplomarbeit Kompetenz bewiesen (wieder in Relation zum angestrebten Arbeitsplatz)? Plötzliches Umschwenken zur Aufgabe, einen Kurzvortrag zu halten (Ergebnisse referieren).

Hinweise: Bezug zum Arbeitsplatz herstellen und vermitteln, daß während des Studiums nichts zufällig geschehen ist und alles stets einen tieferen Sinnzusammenhang impliziert. Kurzreferat zur Ergebnisübersicht einüben (kurzer, aber interessanter Vortrag)!

Frage:
* **Mit welchen Fachbüchern, Fachartikeln haben Sie sich in letzter Zeit beschäftigt?**

Hintergrund: Wie ernsthaft haben Sie sich vorbereitet, und können Sie dies überzeugend belegen?

Hinweise: Sie wissen sicherlich selbst am besten, was hier – in Ihrem Fachgebiet – für Ihre Vorbereitung zu tun wäre. Machen Sie uns bitte hinterher keine Vorwürfe, wir hätten Sie nicht darauf hingewiesen ...

Frage:
* **Würden Sie mir zustimmen, wenn ich jetzt sage: Sie müssen noch sehr viel lernen?**
* **Auf welchen Gebieten haben Sie noch große Defizite?**
* **Was gedenken Sie dagegen zu tun?**

Hintergrund: Wie gehen Sie mit Kritik um, mit Kränkungen, mit Provokationen?

Hinweise: Nicht kränken, nicht provozieren lassen. Im Prinzip zustimmen (Mao zitieren: Handeln heißt lernen), »lebenslängliche« Lernbereitschaft signalisieren und allgemein zum Ausdruck bringen, daß jeder ständig lernen muß.

Frage:
* **Was spricht für, was gegen Sie?**
* **Sie haben mich/uns noch nicht überzeugt: Warum sollten wir gerade Sie einstellen?**

Hintergrund: Ein Test zur Selbsteinschätzung und -darstellung.

Hinweise: Eine Kurzzusammenfassung der Argumente, die für Sie sprechen, ist gefordert. Gut, daß Sie darauf vorbereitet sind... An Argumenten gegen Sie fällt Ihnen höchstens eins ein, maximal anderthalb, und wenn schon, dann nur Harmloses, was jeder potentielle Arbeitgeber gleich entkräften könnte.

7. INFORMATIONEN FÜR DEN BEWERBER

Wenn Ihr Interviewpartner Ihnen ausführlich erzählen will, wie es bei ihm in der Firma/Institution zugeht, sollten Sie gut zuhören.

Hintergrund: Selbstdarstellungslust und Imagepflege auf Arbeitgeberseite.

Hinweise: Hören Sie aufmerksam zu, unterbrechen Sie nicht leichtfertig, machen Sie einen stark interessierten Eindruck, und sammeln Sie so auf leichte Art und Weise Sympathiepunkte.

Die Informationen für den Bewerber können auch mehr am Anfang des Gespräches stehen. Dann haben sie u. U. eher die Funktion, das Gespräch einzuleiten und die Aufregung des Bewerbers abzubauen.

8. ARBEITSKONDITIONEN

Dieser Abschnitt umfaßt die Besprechung verschiedenster Aspekte, die sowohl Rahmenbedingungen wie auch inhaltliche Aspekte des potentiellen Arbeitsplatzes kennzeichnen. Am Beispiel der Unterpunkte eines fiktiven Arbeitsvertrages zeigen wir auf, worum es hier gehen kann:

Aufgabengebiet; Arbeitszeit; Probezeit; Kündigungsfristen; Kompetenzen und Vollmachten; Urlaubsregelung; Bezahlung; Geheimhaltung; Nebenbeschäftigung; Vertragsänderungen; sonstige Abmachungen, Sondervereinbarungen wie z.B. Dienstwagen, Altersversorgung, Umzugskosten, Trennungsentschädigung, Reisekostenvergütung, Unfallversicherung, Sonderzahlungen bei längerer Erkrankung etc.

Detailliert verhandelt werden diese Aspekte erst, wenn man wirklich in die absolut engere Wahl gekommen ist, also sehr selten gleich beim ersten Vorstellungsgespräch. Halten Sie sich also mit Fragen in dieser Richtung stark zurück. Jetzt ist noch nicht der richtige Zeitpunkt.

9. FRAGEN DES BEWERBERS

Fast in jedem Vorstellungsgespräch gibt es einen Rollenwechsel, in der Art, daß plötzlich Sie fragen dürfen und Ihr Gesprächspartner antwortet.

Hintergrund: An den klugen Fragen erkennt man »einen klugen Kopf«, einen motivierten und kompetenten Bewerber. Was Sie jetzt wissen wollen, wird hinterfragt, also auf Sinngehalt und aktives Interesse hin überprüft.

Hinweise: Sollten Sie mit Themen auffallen, die Sie eigentlich im Vorfeld hätten klären können oder durch aufmerksames Zuhören an einer anderen Stelle des Gesprächs längst hätten »speichern« müssen, wird das negativ verbucht.

Wer zuerst auf Pausenregelung oder Urlaub zu sprechen kommt, ist für sein »Schlappi«-Image selbst verantwortlich.

Sinnvolle Fragen können sich u.a. auf folgende Aspekte beziehen: Aufgabengebiet, Zuständigkeit, Verantwortung, Kooperationspartner, globale Bezahlung. Gehen Sie hier nicht weiter ins Detail. Beachten Sie den Hinweis oben: Detailliert verhandelt ...

Fragenbeispiele:
- Ist diese Position/dieser Arbeitsplatz neu geschaffen worden oder fester Bestandteil in Ihrem Unternehmen?
- Wer hat diese Aufgabe bisher wahrgenommen?
- Mit welchem Erfolg, was gab es für Probleme?
- Warum ist der Arbeitsplatz frei geworden?
- Was macht der ehemalige Stelleninhaber jetzt?
- Haben Sie eine detaillierte Stellenbeschreibung, darf ich die sehen, mitnehmen?
- Gibt es ein Organigramm (Organisationsplan), in dem der ausgeschriebene Arbeitsplatz dargestellt wird?
- Mit welchen Personen, Abteilungen werde ich zusammenarbeiten?
- Ist die Möglichkeit gegeben, meine neuen Kolleginnen und Kollegen, mit denen ich zusammenarbeite, vorab kennenzulernen?
- Welchen beruflichen Hintergrund haben die zukünftigen Kollegen, Vorgesetzten?
- Wie ist die Einarbeitungsphase geplant?

- Welche späteren Entwicklungsmöglichkeiten gibt es für mich von dieser Position aus?
- Welche Fort- u. Weiterbildungsangebote gibt es in Ihrem Unternehmen?

Und nochmal: Machen Sie nicht den Fehler, Fragen zu stellen, als ob Sie bereits sicher wären, daß Sie morgen zu arbeiten anfangen und im nächsten Moment den Arbeitsvertrag unterschreiben. Dieser und seine Konditionen sind noch weitestgehend Tabu. Aber auch ein Nachfragen in Richtung: Wie werden Sie sich entscheiden, wann höre ich von Ihnen und wie sind meine Chancen, ist nicht opportun.

Zeigen Sie abermals Geduld und Gelassenheit. Geben Sie Ihrem Gegenüber nicht das Gefühl, bedrängt zu werden. Zeigen Sie sich interessiert aber auch abwartend.

10. ABSCHLUSS DES GESPRÄCHS UND VERABSCHIEDUNG

Frage:

* **Warum sollten wir gerade Ihnen den Arbeitsplatz bei uns geben?**
* **Können Sie bitte noch einmal kurz zusammenfassen, was Ihre Stärken aber auch Ihre Schwächen sind.**

Hintergrund: Wie auch in der Gesprächsphase 4 (Zu Ihrer Person) erläutert, geht es um positive wie negative Eigenschaften, die Sie charakterisieren und die vor allem in einem Bezug zum angestrebten Arbeitsplatz stehen sollten.

Hinweise: Diese Aufforderung können Sie gut benutzen, um noch einmal die wichtigsten Argumente für Ihre Person und Bewerbung zusammenfassend vorzutragen (im Stil etwa: 1. . . . , 2. . . . , 3. . . .). Negative Argumente fallen Ihnen nicht ein bzw. überlassen Sie Ihrem Gesprächspartner.

Zum Schluß geht es um den Versuch eines angenehmen Abganges, auch um Imagepflege für den Arbeitgeber. Man wird sich bei Ihnen für Besuch, Bewerbung und das Interesse an der Firma/Institution bedanken. Wichtig: Eine Klärung, wie es weitergeht, wer voraussichtlich wann zu welcher Entscheidung gelangt. Dies alles aber ohne Bedrängung, Ungeduld oder gar Zweifel (Selbstzweifel, Verzweiflung). Kommen Sie also bloß nicht auf die Idee, direkt oder verklausuliert zu fragen: Wie finden Sie mich? (Im Zweifel ohne Brille gar nicht!)

Nun unser letzter Hinweis: Be prepared. Keep smiling. Beim Rausgehen vor der Bürotür die Cointenance bewahren. Die Tür nicht zuknallen, nicht erleichtert aufatmen (und wenn, ganz leise ...), keine Flüche, aufrecht gehen ...

- *Meine Herren, werte Frau Voss. Mich beschäftigt immer noch meine Eingangsfrage, und hier ist sie wieder ganz besonders aktuell: Soll ich eine mir dargebotene Hand bei der Verabschiedung greifen und schütteln oder nur normal greifen, ohne Schütteln? Ich komme von dieser Frage einfach nicht los.*
- Ganz offensichtlich, Herr Mühsam.

Nach der ausführlichen Darstellung der 10 Gesprächsphasen nun noch einige leider notwendige Bemerkungen zu einem speziellen Kapitel:

MÄNNER FRAGEN FRAUENFRAGEN

Ganz deutlich stehen hier die Themen Motivation, Kompetenz und Persönlichkeit im Vordergrund. Die entsprechenden Fragen haben wir Ihnen ja bereits vorgestellt. Was wollen, was können Sie, und trauen Sie sich diese Aufgabe wirklich zu, sind der möglicherweise skeptische Tenor. Vielleicht kommt es sogar zu dem Versuch des Fragenstellers, Ihnen die ganze Bewerbung, den Job auszureden.

* **Warum sollten wir uns gerade für Sie entscheiden?**
ist die Frage, die Ihnen nochmals Gelegenheit gibt, Ihre überzeugende Argumentation zusammenzufassen. Spätestens mit der Frage:

* **Was sagt denn Ihre Familie dazu (Partner/Kinder, so Sie welche haben)?**
wird sicherlich die spezifische »Frauenfragerunde« einläuten. (Hören Sie schon diesen sehr schwer zu beschreibenen Unterton in dem Fragesatz?).

* **Wie regeln Sie das mit den Kindern (sofern Sie welche haben, die noch zu versorgen sind)? Oder der Haushalt ...?**
Und wenn Sie ledig sind, aber »im heirats- und gebärfähigen Alter«, kommt es »knüppeldick« (um hier den sexistischen Hintergrund drastisch zu dekuvrieren). Fragen wie ...

* **Wie stellen Sie sich Ihre Zukunft vor?**
* **Wie sieht Ihr Lebensplan aus?**

... haben noch einen ganz anderen Hintergrund für Sie als Bewerberin. Es geht um die Themen Heirat und Kinderkriegen.

Bleiben Sie cool – lassen Sie sich überhaupt nicht provozieren –, denn das ist es, was man unter anderem will: Sie mal so richtig hysterisch ausflippen sehen. Da Sie dies aber längst durchschaut haben und über eine ungeheure Sozialkompetenz verfügen (sehen Sie: ungeheuer ist des Rätsels Lösung, deshalb haben viele Männer Angst vor Frauen...), bewältigen Sie diesen Teil des Frage-Antwortspiels mit Charme und Vergebung.

Weiter geht's mit Fragen in der Richtung:

* **Familie oder Karriere?**
* **Wie kommt's, wie ist's, wie geht's bei Ihnen...**

Und abermals die Hinterfragung:

* **Meinen Sie es wirklich ernst, wollen Sie richtig einsteigen?**

oder ist das vielleicht alles nur ein kleines Sozial-Trotz-Experiment um Papa, Freund oder wem auch immer zu zeigen, was frau alles fertig kriegt? Aber möglicherweise müssen Sie ja auch etwas (dazu)verdienen oder wollen schlicht vorankommen, Karriere machen – dann sagen Sie es.

* **Welche Konflikte zwischen Mitarbeiterinnen und Mitarbeitern (KollegInnen, KundInnen, VorgesetzInnen und MitarbeiterInnen, frau meint natürlich klar UntergebInnen) können Sie sich denn so vorstellen (und wenn ja, wieso und warum)?**

Also der alte Mann/Frau-Konflikt ...

Klar: Nicht alle diese Fragen müssen in der Bewerbungssituation auf Sie zukommen, aber je höher Sie sich engagieren bzw. aufsteigen wollen, desto wahrscheinlicher sind sie.

Und trotzdem: Es gibt einen neuen Trend, das sogenannte schwache Geschlecht als das nicht nur in beruflicher Hinsicht eigentlich stärkere zu erkennen und immer mehr Frauen in die bisher von Männern dominierte Berufswelt Einzug halten zu lassen.

- *Gut zu wissen, meine Damen.*

Besonders Frauen werden im Vorstellungsgespräch häufig mit unzulässigen Fragen konfrontiert. Schwangerschaft, Partnerbeziehung und Familienleben gehen den Arbeitgeber nichts an (vgl. S. 130)!

BESONDERHEITEN, UNTERSCHIEDE

Nachdem wir auf spezifische Fragen und deren Hintergrund bei Bewerberinnen hingewiesen haben, sollten wir uns noch folgenden Besonderheiten widmen:

Bewerbungen
- bei Groß-, mittleren oder kleineren Unternehmen
- in der Privatwirtschaft oder im Öffentlicher Dienst

sowie Bewerbungen aus Ost- nach Westdeutschland und umgekehrt,

und als Bewerber
- mit oder ohne Berufserfahrung
- längere Zeit nach Studienabschluß
- mit nicht abgeschlossenem Studium

Es liegt auf der Hand: die Bewerbungsverfahren sind je nach Branche und Ihrer Ausgangsposition unterschiedlich (z.B. ob man Sie als Werkstudent bereits kennt und Sie in der technischen Berufswelt fußfassen wollen).

Ein wichtiges Kriterium, das diese Unterschiedlichkeit wesentlich mitbeeinflußt, ist schlicht die Unternehmensgröße Ihres potentiellen Arbeitgebers. Der mittelständische Betrieb mit z.B. 100 Mitarbeitern, der einen »frischgebackenen« Ingenieur für Spezialaufgaben der Belüftungstechnik sucht, geht in der Regel anders mit seinen Bewerbern um als der Lebensmittel-Großkonzern, der Traineeplätze zu besetzen hat oder mehrere Junior-Food-Produktmanager als sog. Direkteinsteiger sucht.

Während Sie bei dem mittelständischen Betrieb davon ausgehen können, ein bis zwei Gespräche mit dem Firmeninhaber oder Geschäftsführer zu führen, sowie mit einem für Sie direkt verantwortlichen leitenden Angestellten und einem zukünftigen Kollegen, sieht dies bei einen Multi doch ganz anders aus. Da sind Gruppenauswahlgespräche, wenn nicht sogar AC-Tests, vorgeschaltet und letztlich sehen Sie sich einigen Personalreferenten gegenüber, sehr wahrscheinlich gegen Auswahlende auch dem Traineeleiter.

Wie das Bewerbungsverfahren im einzelnen abläuft, sollte dem Einladungsschreiben entnommen werden können, also der ersten Reaktion, nachdem Ihre Berbungsunterlagen Interesse gefunden haben. Ist das nicht möglich, dürfen Sie durchaus telefonisch gezielte Fragen dazu stellen. Dies muß natürlich in angemessener Art und Weise passieren, die Sie nicht gleich stigmatisiert (nicht etwa so: »Was, Sie veranstalten ein Gruppenvorstellungsgespräch, oh Gott, nein, wie furchtbar ... «, oder »Verraten Sie mir bitte, welche Testverfahren zum Einsatz kommen, ich ... «).

Auffällig ist es schon: Geht es in Ihrer Bewerbung mehr um einen technischen Arbeitsaufgabenbereich (klassisches Beispiel: Ingenieur), herrscht doch ein anderes Auswahlklima und Vorgehen, als z.B. in der wirtschaftlich administrativen bzw. in der psychosozialen »Branche«. In letzteren wird deutlich häufiger zu Tests und Tricks gegriffen. Hier scheinen auch die Gruppenbewerbungsgesprächsrunden (schönes Wort) erfunden worden zu sein (s.S. 136).

Da will natürlich auch der Öffentliche Dienst und sein Beamtenstaat nicht zurückstehen und testet mit bzw. läßt testen. Wenn auch der Ausfrageton oftmals nicht diese Schärfe annimmt, wie in der Privatwirtschaft durchaus üblich. Es scheint, als ob es eine willkommene Ablenkung im ansonsten recht grauen Arbeitsalltag ist, wenn man sich auf die Bewerber-KandidatInnen stürzen darf (sehr böse formuliert und Verallgemeinerungen sind sicherlich gefährlich, aber ...).

Sollten Sie sich nun (verzeihen Sie uns bitte diesen Ausdruck) als Ost-Akademiker mit Juniorenstatus im Westen bewerben, müssen Sie bestimmte Vorurteile, Klischees einkalkulieren, d.h. entsprechend vorbereitet sein und diese Standpunkte offensiv angehen. Leugnen oder andere Verdrängungsmechanismen sind über kurz oder lang sehr schädlich. Je offener Sie möglichen Einwänden begegnen, sie sogar ganz gezielt als erster ansprechen, desto wahrscheinlicher bewegen Sie etwas bei Ihrem Gegenüber.

Eine flexible Strategie von »Zu- oder Eingeständnissen« Entgegnungen, Aufklärungsarbeit und gut vorbereiteter Argumentation, wird nicht ohne positive Wirkung bleiben. Als sehr hilfreich können sich dabei die sog. Angst- und Wunschfragelisten und ihre intensive Vorab-Bearbeitung erweisen.

Die Situation ist für »frischgebackene West-Akademiker« im Osten nicht wesentlich anders. Sicher hier und da andere Vorzeichen, aber eben doch Standpunkte, Vorurteile, Klischee-Denken, dem Sie begegnen und etwas entgegnen müssen. Auch hier gilt es, die Dinge angemessen offensiv auszusprechen.

In der Vermischung, ein Ostler im West-Unternehmen im Osten bzw. ein Westler im Ost-Unternehmen im Westen, ergeben sich viele Verkaufsvorteile für den einzelnen Bewerber. Diese sind in einem anstrengenden Analyseprozeß von Ihnen vorab zu erarbeiten und erschließen sich nicht notwendigerweise sofort von selbst.

Ganz ähnlich verhält es sich mit den unangenehmen Vorhaltungen, Sie hätten ja noch gar keine Berufserfahrung. Stimmt dies wirklich so? Hatten Sie bisher überhaupt keine Berührung mit der Arbeitswelt? Eigentlich sehr unwahrscheinlich, und es lohnt sich, länger darüber nachzudenken, es könnte Ihnen ja etwas dazu einfallen.

- *Meine Herren: Soll das etwa ein Aufruf zur Pseudologia fantastica sein?*
- *Was ist das denn, Herr Mühsam?*

Arbeitswelterfahrungen sind eigentlich ein Muß. Das bedeutet natürlich noch lange nicht, daß sie direkt in dem jetzt angestrebten Aufgabengebiet erworben sein müssen. Ein approbierter Jungarzt, der sich zum Chirurg weiterqualifizieren will, kann natürlich noch keine Großoperationen selbst ausgeführt haben. Aber ein Krankenhaus, einen OP, die Arbeitsgerätschaften kennt er nicht nur von Bildern. Sicherlich hinkt dieser Vergleich, aber er verdeutlicht, worum es geht: der überzeugende Praxisbezug und das einleuchtende, nachvollziehbare Bewerbungsmotiv.

Die Zusatzinformation über unseren Jungmediziner, daß sein Vater früh an einem hirnorganischen Psychosyndrom (HOPS) erkrankte und seine Mutter sich daraufhin später zur Alkoholkranken entwickelte, ließe eher eine Bewerbung für eine psychiatrische Facharzt-Ausbildung in einem ganz anderen Licht dastehen und wäre besser nicht mitzuteilen. Aber: Seine überdurchschnittlichen Leistungen im Studienfach Pathologie, seine Promotionsarbeit zum Thema »Methoden der Hysterektomie im 19. Jahrhundert« sowie seine Erfahrungen als AiPler (Arzt im Praktikum) auf der Unfallchirurgie des Städtischen Krankenhauses könnten seine Bewerbung als »Nachwuchschirurg« letztendlich vielleicht doch noch erfolgreich werden lassen.

Dieses Beispiel soll uns als Muster reichen. Die Ausgestaltung Ihrer konkreten Situation werden Sie schon selbst schaffen.

Hatten Sie allen Bemühungen zum Trotz nach Studienabschluß keinen Bewerbungserfolg ...

- *... sicherlich kannten Sie dieses Buch nicht!*

– ... vielen Dank, Frau Voss ...

oder sollten Sie in der depressiven Phase nach dem Studienabschluß einen mehrmonatigen Indienaufenthalt absolviert haben, werden Sie die verstrichene Zeit zwischen Abschluß und eventueller Arbeitsaufnahme Ihrem potentiellen Arbeitgeber erklären müssen. Dies haben Sie gut vorbereitet und können nun z.B. als arbeitsloser Jung-Soziologe berichten, daß Sie vor Ort Privatstudien zur Organisationssoziologie des Kastenwesens betrieben haben.

Wie häufig im Leben kommt es auf die richtige oder plausible Verknüpfung bzw. Interpretation von auf den ersten Blick zusammenhanglosen Tatsachen an.

Als Jung-Akademiker müssen Sie naturgemäß noch so viel lernen (Praxis), daß von Arbeitslosigkeit eigentlich nie die Rede sein dürfte.

- *Frau Voss, was sagen Sie dazu, wenn ich unter diesem Aspekt meine Besuche auf unserem Postamt als Post-graduate studies bezeichnen würde?*

Sollten Sie einen zweiten Studiengang noch nicht bis zum bitteren Ende durchstudiert haben und sich mit Abbruchplänen beschäftigen, werden Sie auch dies einem potentiellen Arbeitgeber plausibel machen können. Vielleicht liegt ja auch der Hintergrund Ihres Zweitstudiums darin, daß Sie nach dem Abschluß Ihres Erststudiums ohne Bewerbungserfolg blieben. Weiterzustudieren war sicherlich allemal besser, als arbeitslos depressiv zu werden. Nur sagen sollten Sie so etwas natürlich nicht.

Auch ohne Abschluß können Sie nachweisen, daß Sie in Ihrem Zweitstudium etwas gelernt haben, und brauchen wegen eines fehlenden Examens keine Komplexe zu entwicklen. Es kommt eben alles auf die richtige Verkaufspolitik in Sachen »Eigenmarketing« an.

Gesprächsführung und Gesprächspsychologie

EINZEL- ODER GRUPPENGESPRÄCH

Halten wir noch einmal fest: Im Vorstellungsgespräch geht es dem potentiellen neuen Arbeitgeber darum, persönliche und anforderungsbezogene Eignungsmerkmale des Bewerbers festzustellen. Die bisherigen Informationen aus Bewerbungsunterlagen und Testergebnissen sollen ergänzt werden durch einen persönlichen Eindruck, den man im Vorstellungsgespräch vom Bewerber erhalten will.

Bei Vorstellungsgesprächen ist zu unterscheiden zwischen Einzel- und Gruppengesprächen. Die Gesprächsdauer ist unterschiedlich und schwankt je nach zu bewältigender Bewerberanzahl und Position, um die es geht, zwischen einer bis sechs Stunden.

Unter der klassischen Vorstellungsgesprächssituation stellt man sich ein Vier-Augen-Gespräch vor: (Personal-)Chef und Bewerber sitzen sich gegenüber.

Denkbar ist aber auch eine ungleiche Relation: Der einzelne Bewerber sitzt zwei oder mehr Personen gegenüber, einem Auswahlgremium (z.B. der Firmeninhaber und ein wichtiger leitender Angestellter, Personalchef und Abteilungsleiter, mehrere Personalreferenten und Betriebspsychologen, Betriebsrats-Mitglieder, Trainee-Leiter).

Ist es in der Bewerbungssituation vielleicht gerade noch erträglich, zwei Leuten gegenüberzusitzen (die klassische Vater-Mutter-Kind-Konstellation), wird es – wenn man mit einem Vierer- oder Mehrpersonengremium konfrontiert ist – schnell ungemütlich.

Möglicherweise fällt Ihnen bald auf, daß bei einem aus drei Personen bestehenden Auswahlgremium ein Gesprächspartner Sie besonders freundlich behandelt, ein weiterer recht »böse« mit Ihnen umgeht und der dritte Sie ständig beobachtet, Notizen macht und ansonsten schweigt. Diese Rollenverteilung ist kein Zufall. Sie ist sorgfältig vorbereitet und abgesprochen. Hier will man Ihnen ganz besonders »auf den Zahn fühlen«. Bleiben Sie ruhig und gelassen und versuchen Sie, möglichst zu allen – vor allem zu dem freundlichen Gesprächspartner – einen guten Kontakt aufzubauen (Blickkontakt, ansprechen, lächeln).

Schwierig wird es, wenn Sie als einzelner mit mehr als fünf Personen konfrontiert sind. Glauben Sie uns: 10–20 Personen als glotzende, fragende und zuhörende Meute sind nicht so selten, wie man es sich wünscht. Im psycho-sozialen Bereich beispielsweise hat häufig das gesamte Arbeitskollegen-Team ein Wörtchen mitzusprechen. Dazu der Bericht eines Jungmediziners, der sich um eine Assistenzarztstelle im Fach Psychiatrie bemühte:

Ich bin fertig ausgebildeter Arzt und habe den Wunsch, einmal als Facharzt für Psychiatrie zu arbeiten. Dazu muß man an einem Krankenhaus in einer psychiatrischen Abteilung als Assistenzarzt arbeiten und erhält damit parallel eine mehrjährige Facharztausbildung. Dieses Verfahren gilt ganz ähnlich für jeden Facharzt, also z.B. Kinder-, Haut-, Augenarzt usw.

In einer Zeit, in der es auch schon viele arbeitslose Ärzte gibt (vor allem junge), ist es gar nicht einfach, so einen Weiterbildungsplatz zu bekommen. Über 50mal habe ich mich an verschiedenen Krankenhäusern in der ganzen Bundesrepublik beworben. Beim siebten Vorstellungsgespräch hat es endlich geklappt.

In einem Bremer Krankenhaus saß ich einem etwa zehnköpfigen Auswahlgremium gegenüber (Chef-, Ober- und Assistenzärzte, Vertreter des Pflegepersonals, Psychologen, Sozialarbeiter). Bemerkenswert erschien mir die Plazierung: Mir wurde der schäbigste und kleinste Stuhl in der Zimmerecke zugewiesen, während vor mir und um mich herum die Interviewer thronten. Ich kam mir so richtig erdrückt vor, auch weil ich mit Fragen aus allen Ecken und Richtungen – räumlich wie inhaltlich – bombardiert wurde.

Situation und Atmosphäre kamen mir eher vor wie in einem Gerichtssaal oder vor einem Tribunal, wo ich als Angeklagter rein- und vorgeführt werde und Rede und Antwort zu stehen habe.

Ich habe mich kleingemacht gefühlt, gerade auch deswegen, weil ich z.B. von der Hauptakteurin – einer Oberärztin – allen anderen vorgestellt wurde, aber sich mir keiner vorstellte. Nicht mal meine Begrüßung ist erwidert worden.

Die Oberärztin eröffnete die Befragung, in die die anderen aus der Runde sehr schnell voll einstiegen:

»Warum wollen Sie in der Psychiatrie tätig werden?« war hier wie auch bei allen anderen Bewerbungsgesprächen die erste Frage. Meine Antwort ließ zunächst vielleicht noch Wünsche offen, so daß sofort die Nachhakfrage kam: »Wie sind Sie eigentlich auf die Psychiatrie gekommen?«

In meinen Ausführungen schilderte ich naiv-ehrlich, daß ich über meine Interessen Philosophie und Literatur auf das Arbeitsgebiet Psychiatrie aufmerksam geworden bin und daß sich dies im Laufe des Studiums und während erster praktischer Erfahrungen weiter vertieft hat.

Das brachte mir prompt die Frage ein: »Was meinen Sie denn, was Sie mit der Philosophie in der Psychiatrie anfangen können?« Auf diese Zwischenfrage war ich weiß Gott nicht gefaßt und geriet ein bißchen aus dem Konzept, was aber sicherlich auch mit der ganzen unangenehmen Atmosphäre zu tun hatte.

Ganz schön vergaloppiert habe ich mich dann mit dem weiteren Reizwort »Idealismus«, das ich für mein Interesse und meine Haltung bemüht habe. Wie lange ich wohl glaube, damit durchzuhalten, wurde mir in höhnischem Tonfall entgegnet.

Zugegeben ist Idealismus alleine keine tragfähige Basis für die Tätigkeit eines Psychiaters. Das braucht man mir nicht zu erzählen. Ich habe bereits schwerste chronische und entmutigende Verlaufsformen psychiatrischer Erkrankungen an der Berliner Karl-Bonhoeffer-Nervenklinik kennengelernt und weiß um die Probleme. Im nachhinein denke ich, daß das Gespräch spätestens an dieser Stelle völlig aus dem Ruder lief.

Dann interessierte man sich genauer für meine Tätigkeit in der Karl-Bonhoeffer-Nervenklinik (im Berliner Jargon »Bonnys Ranch« genannt). Plötzlich schulmeisterten sie mich mit der Frage, ob ich denn eigentlich wisse, wer Karl Bonhoeffer war.

Im Anschluß kamen die Befrager auf mein vor dem Medizinstudium angefangenes Architekturstudium zu sprechen und wollten das erklärt bekommen. Ich fühlte mich erneut in die unangenehme Position gedrängt, mich rechtfertigen zu müssen und wies darauf hin, vier Jahre auf meinen Medizinstudienplatz gewartet zu haben. In der Zwischenzeit fing ich Architektur als »Parkstudium« an. Hinzu kommt, daß Architektur meinem früheren Interesse entspricht. Ich sehe durchaus Verbindungen zwischen Architektur, dem Menschen und der Psychiatrie. Das schien sie zu beruhigen. Es war zwar etwas konstruiert, denn der reale Hintergrund ist wohl eher der, daß in meinem Freundeskreis und in meiner Familie viele Mediziner sind, was mich sicherlich sehr beeinflußt hat.

Zum Abschluß wurde ich gefragt, wie ich mir meine Arbeit auf der psychiatrischen Station vorstelle. So einfach eine solche Frage zunächst klingt, sie ist doch schwer zu beantworten, weil man die Patienten und die Krankheitsbilder nicht genau kennt.

Aber auch in anderen Vorstellungsgesprächen ging es nicht gerade zimperlich zu. Ob ich denn zupacken könnte, wenn es darauf ankäme, wurde ich mehrdeutig gefragt (werden hier vielleicht noch Zwangsjacken angelegt, oder ging es mehr abstrakt um das Bewältigen von viel Arbeit?).

Manchmal wurde meine Einstellung zu Psychopharmaka abgefragt, ebenso wie meine Zugehörigkeit zu Parteien, Gewerkschaften oder wenigstens zu einer Studentenverbindung. »Sind Sie jetzt nervös? Warum?« war die einfühlsame Frage eines mich interviewenden Chefarztes, und bei einer Bewerbung in einer Suchtklinik wurde ich unverblümt gefragt, ob ich mich als Alkoholiker bezeichnen würde oder Erfahrungen mit Drogen oder Medikamenten hätte.

Denkbar ist aber auch eine andere Konstellation, bei der mehrere Bewerber einem Auswahlgremium gegenübersitzen. Das können drei Bewerber sein, die drei Personalmenschen vor sich haben, es können aber auch zehn und mehr Bewerber sein, gegenüber fünf oder sechs Auswählern.

Sollten Sie in einer Bewerbergruppe antreten müssen, bietet Ihnen das den Vorteil, von der Präsentationstechnik Ihrer Mitbewerber zu profitieren. In der Regel beginnt so ein Gruppengespräch mit der freundlichen Aufforderung, jeder möge sich zunächst einmal kurz vorstellen. Manchmal wird an die Vorstellung eine zusätzliche Aufforderung geknüpft (z.B.: »Stellen Sie sich bitte kurz vor, und erzählen Sie uns, warum Sie sich hier beworben haben«).

Hintergrund dieser Gruppenvorstellung ist der Wunsch, die Bewerber direkt miteinander zu vergleichen, sie in eine gewisse Konkurrenzsituation zu versetzen, um dadurch etwas Besonderes über sie herauszubekommen.

Wer hier als Bewerber den Anfang macht, oder »Schlußlicht« ist, hat es deutlich schwerer als alle anderen. Die Positionen im ersten oder letzten Drittel bieten bessere Chancen. Am Anfang ist die Aufnahme- und Zuhörbereitschaft des Auswahlgremiums höher. Gegen Ende hat man die Chance, durch einen Beitrag, der sich von den bisherigen angenehm unterscheidet (was sicherlich nicht leicht ist!), die Aufmerksamkeit und das Kurzzeitgedächtnis der Auswähler zu erobern.

Für die Unglücklichen, die die Rolle des »Alpha-« oder »Omega-Huhnes« wahrnehmen müssen, gilt unsere Empfehlung: Sprechen Sie das Problem der Anfangs- bzw. Endposition humorvoll an (»Einer muß ja den Anfang machen, ich will mich nicht in den Vordergrund drängen, aber ...« / »Den letzten beißen die Hunde, aber einer muß ja das Schlußlicht bilden ...«). Wenn es Ihnen gelingt, Schmunzler oder sogar Lacher auf sich zu ziehen, sammeln Sie Pluspunkte.

Die Moral von der Geschicht': Bei der Vorstellung in diesem Theater gibt es keine schlechten Plätze.

Während der Gruppen-Vorstellung können Sie den Versuch verschiedener Bewerber beobachten, sich in den Vordergrund zu spielen, um sich zu profilieren. Dies geschickt machen zu können, ist eine Kunst, die nur wenige Bewerber beherrschen. Es ist nicht unbedingt von Nachteil, hier eher eine gewisse Zurückhaltung zu zeigen, ohne allerdings in das andere Extrem des »stummen Fisches« zu verfallen.

Der Auswählergruppe geht es unter anderem darum, die soziale Interaktion, das Miteinander-Umgehen der Bewerber, zu beobachten. Hieraus werden verschiedene Rückschlüsse gezogen, z.B. auf Teamfähigkeit, Durchsetzungsvermögen, Anpassungsbereitschaft usw.

Bisweilen ergeht sogar die Aufforderung an die Bewerber, in dieser Gruppe ein Thema gemeinsam zu diskutieren:

GRUPPENDISKUSSION

Die Gruppendiskussion könnte man als eine Sonderform des Gruppen-Vorstellungsgespräches bezeichnen. Aufgabe ist es, ein vom Auswahlgremium vorgegebenes Thema zu diskutieren.

Eins ist klar: Hierbei handelt es sich um eine eindeutige mündliche Testsituation, in der nicht nur das sprachliche Ausdrucksvermögen überprüft wird. Mindestens genauso wichtig ist ihr Sozialverhalten gegenüber den Gruppenmitgliedern und möglicherweise Ihr inhaltlicher Standpunkt zum diskutierten Thema.

In der Regel hat das Thema einen klaren Bezug zum Arbeitsplatz bzw. zum Berufsumfeld.

Was sind die generellen Beobachtungs- und Beurteilungskriterien bei Gruppendiskussionen? Worauf achten die Beobachter? Was wird protokolliert bzw. auf speziellen Checklisten festgehalten und bewertet?

Hier eine Übersicht:

Das allgemeine Auftreten
- äußeres Erscheinungsbild
- Umgangsformen

Das Verhalten in der Gruppe
- sprachliches Ausdrucksvermögen
- Vertreten und Begründen der eigenen Meinung
- Sachbezogenheit
- Einfallsreichtum
- Analysefähigkeit
- Auffassungsgabe
- Aufnahmebereitschaft
- Engagement
- Aufgeschlossenheit
- aktives und passives Zuhören
- emotionale Stabilität
- deutlich ausgeprägte Dominanz- oder Unterordnungsbereitschaft
- Teamgeist/Kooperationsfähigkeit und -bereitschaft

Nun noch einige wichtige Stichworte in Form eines kleinen Leitfadens zum generellen Verhalten in Gruppendiskussionen:

Generelle Verhaltenstips
Äußeres
  - ausgeruht und gelassen wirken
  - gepflegtes Äußeres

- sich freundlich, höflich, natürlich und ungezwungen geben
- weder innere noch äußere Verkrampfung

Allgemeinverhalten
- freundlich, verständnisvoll, einfühlend, hilfsbereit, rücksichtsvoll
- bereit sein zu Kompromissen
- andere ernst nehmen
- zuhören können
- Sympathie zeigen

Allgemeines Diskussionsverhalten
- sicher auftreten, Meinung vertreten, selbstsicher geben (nur bedingt nachgiebig gegenüber Einwänden, aber: Aufgeschlossenheit zeigen, keinen Starrsinn)
- Anwesende mit Namen ansprechen
- keine deplazierten Bemerkungen oder Fragen
- keine Monologe, besser: knappe und präzise Beiträge
- oberflächliche oder fehlerhafte Argumentation reflektieren
- auf andere eingehen, eigene Interessen zurückstellen können

Sprachverhalten
- knapp, präzise (keine Ausschweifungen, Nebensächlichkeiten)
- keine Superlative
- möglichst kein Räuspern, keine »Ähs«
- Vermeidung von Füllwörtern (sicherlich, letztlich etc.)
- deutliche Aussprache, mittlere Lautstärke, in die Runde schauen, Gesprächspartner ansehen

Achtung: Primär geht es hier um Ihre Kommunikationsfähigkeit und Ihr Sozialverhalten, Ihre Kompetenz im Umgang mit den anderen – also in Sachen »human relations«, erst in zweiter Linie ist das Thema und Ihre inhaltliche Argumentation interessant.

Beachten Sie bitte folgende zusätzliche allgemeine Verhaltensregeln:

- den jeweiligen Sprecher anschauen
- deutlich Aufmerksamkeit signalisieren
- stets kontrollierte Reaktionen; keine Nervosität
- gedämpftes (angemessenes) Engagement
- deutlich und ruhig sprechen
- freundliches Interesse zeigen
- sachliche, weitestgehend affektfreie Argumentation; alles vermeiden, was die Gesprächsharmonie unnötig stören könnte
- auf Argumente eingehen und sie konstruktiv weiterentwickeln
- sich nicht in den Vordergrund spielen
- sich nicht zu sehr zurück- und raushalten
- kein Sarkasmus, keine Ironie, keine Herabsetzung

- auf ausgeglichene Rollenverteilung achten (z.B. nicht bei allen Themen Kontra-Beiträge – Gefahr des Nörglers/Miesmachers)
- die aufgeworfenen Fragen loben (»wichtig/bemerkenswert« und ähnliche Prädikate)
- Mängel offen zugeben (»Sie sind da auf einen heiklen Punkt gestoßen!«)
- Bedenken Sie: Sie müssen nicht immer alles (besser) wissen und versuchen, Patentrezepte und -lösungen zu entwerfen
- auch mal die eigene Meinung zur Diskussion stellen (»Mich würde interessieren, wie Sie darüber denken!« u.ä.)

Für kritische, konfrontative Situationen in der Diskussionsrunde geben wir Ihnen folgende Tips (was machen Sie, wenn es zu ... kommt?):

- »Schockpause« nach plötzlichem Angriff gegen Ihre Argumentation, z.B. durch ein gutes Argument, durch Bezweifeln der Richtigkeit Ihrer Aussage oder gar durch Herabsetzung
  Gegenstrategie: Angriff aufgliedern oder differenzieren; achten Sie auf Sachbezogenheit (nur nicht emotional zurückschlagen)
- Verunsicherung durch direkte oder indirekte Angriffe gegen Ihre Person, gegen persönliche Eigenschaften oder Meinungen von Ihnen
  Gegenstrategie: Hervorheben der Partnerrolle, Gemeinsamkeit der Situation unterstreichen, auf das sachliche Thema zurückleiten, ruhig bleiben, nicht provozieren lassen, bei anderen Unterstützung suchen (»Sind Sie denn alle der Meinung, daß ... «), Gespräch weiterbringen
- Allgemeine Verteidigungsregeln: Wird die horizontale Rollenverteilung gestört, z.B. durch Vertikalisierung in der Beziehung Angreifer – Verteidiger (letzterer trägt immer die Last der Rechtfertigung) gilt:
  a) Hervorheben der Partnerschaft, Gemeinsamkeiten unterstreichen, möglicherweise Problem umformulieren; auf den Standpunkt des Verstehenden und Mitfühlenden stellen; um einen Lösungsvorschlag bitten; das »Wir« als Ansprechform wählen (aber: Anbiederung vermeiden!)
     Zweck: der Gesprächsgegner wird zum Gesprächspartner
     Merke: nicht anwenden, wenn das »Partnerschaftsangebot« vermutlich abgelehnt wird
  b) Angriff aufgliedern oder differenzieren, z.B. nach Wichtigkeit der Punkte, Leichtigkeit der Klärungsmöglichkeiten, Reihenfolge der Merkmale
     Zweck: Schockpause wird vermieden, Angriffssituation wird im Gesprächsfluß aufgelöst, man kann Ergänzungen vornehmen oder die Argumente in neue Zusammenhänge stellen (Vorbereitung und Erleichterung der eigenen Argumentation)
     Merke: einzusetzen, wenn der Angriff sehr massiv vorgetragen wird oder der Partner sehr erregt ist.

Sollten Sie vor die Aufgabe gestellt werden, die Diskussionsleitung übernehmen zu müssen, empfehlen wir Ihnen folgende Strategien:

1. Einleitung

- Hinführung zum Thema; allgemeine Problemskizze entwickeln
- versuchen, auf einen oder zwei Themenaspekte festzulegen (»Darf ich Ihr Einverständnis voraussetzen, wenn wir . . . ?«)
- Delegation der Gesprächskompetenz
  a) Frage als Diskussionsanreiz:
  »Wie ist Ihre Erfahrung?«
  »Was sollte geschehen?«
  »Welche Möglichkeiten sehen Sie . . . ?«
  b) These zur Diskussion stellen, evtl. in Frageform:
  »Sind Sie auch der Ansicht, daß . . . ?«

2. Verlaufsregelung

- öfters versuchen, Beiträge in eine prägnante Aussage zu fassen und als These weiterzugeben; evtl. Zielfrage anfügen: »Wollen wir uns auf diesen Punkt konzentrieren?« / »Ist es nicht wirklich besser, wenn wir . . . ?«
- möglichst keine Parteinahme; sich widersprechende Beiträge als Widersprüche stehenlassen; alle Beiträge und Positionen »sind interessant . . . « / »überlegenswert . . . « / »nachdenkenswert . . . « usw.
- ausgeglichene Rollenverteilung herstellen, auch stillere Diskussionsteilnehmer einbeziehen
- sich einschalten, wenn »Schockpausen« eintreten (Differenzierung, Hervorheben des Positiven etc.)
- häufig positive Verstärkung geben (»Ein interessanter Gesichtspunkt« / »Das scheint mir ein außerordentlich wichtiger Aspekt« / »Gut, daß Sie darauf eingehen!« etc.)
- deutliches Interesse für die Beiträge zeigen (»Ich habe auch schon überlegt, ob möglicherweise . . . «, / »Ich glaube, es lohnt sich ganz gewiß, noch mehr darüber zu wissen/zu sagen/nachzudenken« etc.)

3. Ausklang

- Vorschlag: »Vielen Dank für Ihre Diskussionsbeiträge, die ich persönlich sehr interessant fand. Sie haben uns die Vielschichtigkeit des Themas X deutlich gemacht, auch wenn einige wichtige Aspekte wegen der Kürze der Zeit nicht ausreichend behandelt werden konnten . . . «

Zusammenfassung
- moderate Form der Teilnahme an der Diskussion
- wenn überhaupt: nur das Nötigste notieren
- gestraffte Skizze der wesentlichsten Aussagen, u.U. in Form einer Polarisierung; Gegensätze und Gemeinsamkeiten scharf zeichnen
- offengebliebene Problemansätze als Ausblick thematisieren

KURZVORTRAG

In seltenen Fällen mutet man Ihnen sogar einen Kurzvortrag zu (Realbeispiel, s.S. 83).

Die Themenliste ist ähnlich wie bei Gruppendiskussionen.

In der Regel werden 10- bis 15minütige Kurzvorträge erwartet, oftmals bekommt man dafür eine Vorbereitungszeit von ähnlicher Länge.

Inhaltlich sind für diese verbale Testaufgabe die gleichen Kriterien zu beachten wie zum Teil auch bei der Argumentation in einer Gruppendiskussion. Hier geht es natürlich weniger um das zwischenmenschliche Verhalten, sondern mehr um Sprachgestaltung, Form, Ausdruck, Klarheit, und Sicherheit:

- Können Sie frei sprechen?
- Sind Sie in der Lage, ein Thema kurz zu strukturieren und vorzutragen?
- Leiden Sie unter besonderen Rede-Ängsten?
- Vermitteln Sie einen nervösen Eindruck?
- Fehlen Ihnen plötzlich die Worte?
- Erleben Sie einen Gedankenabriß?
- Wie verhält es sich mit Blickkontakt und Körperhaltung?
- Was für einen Gesamteindruck machen Sie?

FRAGE- UND ANTWORTTECHNIKEN

Wie so ein Vorstellungsgespräch abläuft, können Sie zwar nicht allein bestimmen, aber doch ganz wesentlich durch Antworten, Bemerkungen und Fragen mitgestalten. Dabei ist zunächst zu beachten, wieviel Zeit für Ihr Vorstellungsgespräch vorgesehen ist. Ob Sie 20 Minuten oder zwei Stunden für Ihren »Auftritt« haben, macht einen wesentlichen Unterschied in der Gestaltung, in der von Ihnen zu wählenden Inszenierung bzw. Dramaturgie.

Generell gilt: Führen Sie das Gespräch defensiv. Sie sind der Bewerber, der die meisten Fragen zu beantworten hat. Versuchen Sie nicht, die Rollen umzukehren und z.B. immer wieder mit Gegenfragen zu kontern.

Da Sie gut vorbereitet sind, können Sie auf die wichtigsten Fragen (s. Fragenkatalog S. 105) überzeugend und relativ knapp, aber gut formuliert antworten. Dies geschieht immer in Relation zu der Zeit, die Ihnen zur Verfügung steht, bedeutet aber nicht, daß Sie ständig reden bzw. Auskunft geben müssen.

Bis zu etwa 80% der Gesamtzeit – so zeigen entsprechende wissenschaftliche Untersuchungen – verbringen Sie im Vorstellungsgespräch mit Zuhören, d.h. Ihr Gegenüber redet. Lassen Sie den Interviewer reden und hören Sie aufmerksam zu. Wenn es Ihnen zudem noch gelingen sollte, einige verständnisvolle, kurze Zwischenbemerkungen zu machen, haben Sie möglicherweise schon gewonnen. Ihr Gegenüber wird sich vielleicht endlich mal wieder verstanden fühlen und Ihnen das mit entsprechenden Sympathiepunkten honorieren.

Es kann aber auch kraß umgekehrt sein, weil man Sie zum Sprechen, Erzählen, ja Schwadronieren bringen will. In so einem Fall haben Sie es sehr wahrscheinlich mit einem Profi zu tun, der 10% des Vorstellungsgesprächs bestreitet und Ihnen die restlichen 90% aufbürden möchte.

Eine beliebte Gesprächstechnik beinhaltet dabei den Einsatz sog. offener Fragen. Klassisches Beispiel:

* **Wir wollen Sie gern kennenlernen. Erzählen Sie uns doch bitte mal etwas über sich.**

Dieser so nett und harmlos vorgetragenen Bitte wird sich der Bewerber kaum entziehen können oder sogar wollen und ggf. weit ausholen. Wer hier aber bei Adam und Eva, seiner frühesten Kindheit, Schul- und Ausbildungszeit etc. anfängt, um vielleicht nach 15 Minuten bei Höhepunkten seiner Hochschulausbildung angekommen zu sein scheint und dann noch willig sein Privat- und Familienleben offenbart, begeht eine Art »seelischen Stripteasee« mit in der Regel verheerenden Auswirkungen.

● *Frau Voss, kennen Sie eigentlich »Tutti frutti« mit dem sympathischen Egon Hugo Balder und seinen Früchtchen? Da ziehen sich die Kandidaten auch immer aus.*

● *Herr Mühsam, ich stehe lieber auf »Frauen von Sinnen« mit der netten Hella.*

Offene Fragen, z.B.

* **Was ist wichtig in Ihrem Leben?**

sind immer in Bezug auf den angestrebten Arbeitsplatz mit seinen Aufgaben zu beantworten und nicht etwa Gelegenheit, in epischer

Breite Einblick in die Privatsphäre zu geben (obwohl dies durchaus auch Ziel der Frage, Wunsch des Fragestellers sein kann).

Was glauben Sie, macht es für einen Eindruck, wenn Sie als Hoffnungsträger für zukünftige Führungsaufgaben auf diese Aufforderung hin anfangen, von Ihren Surferlebnissen bei Windstärke 6 auf dem Steinhuder Meer zu schwärmen?

Höflichkeit, Freundlichkeit, Blickkontakt, Bemühtheit und Interesse tragen wesentlich dazu bei, die Sympathiegefühle Ihres Gegenübers zu mobilisieren. Verlieren Sie aber beim Sprechen nicht die Kontrolle über den Rest Ihrer Person: Wer mit der Hand vor dem Mund spricht, kann sich nur schwer verständlich machen, und wer sich alle Augenblicke mit derselben nervös durchs Haar fährt, überzeugt nicht. Auch wenn wir hier nicht weiter auf die Signale des Körpers eingehen, ist es bereits jetzt wichtig zu wissen, daß viele Personalchefs meinen, aus der Körpersprache Rückschlüsse auf die Persönlichkeit ziehen zu können (vgl. S. 153).

Nur soviel: Die Körpersprache beeinflußt auch das Gespräch, und wenn Ihr Gegenüber bereits zum zweiten Mal gähnt, könnte dies ja vielleicht auch an Ihrem langatmigen »Vortrag« liegen.

Lassen Sie sich durch nichts provozieren, fragen Sie zurück, ob Sie eine Frage, die Ihnen merkwürdig vorkommt, richtig verstanden haben und reagieren Sie mit Gelassenheit. Möglicherweise will man ja genau das herausbekommen, nämlich *wie* Sie reagieren, wenn man Sie persönlich angreift, kritisiert und/oder hinterfragt. Wittern Sie aber andererseits nicht gleich hinter jeder Frage eine beinharte (Werner-) Falle. Es geht schließlich darum, Sie kennenzulernen, und wer möchte nicht gerne wissen, mit wem er es zu tun hat.

Und noch etwas sehr wichtiges: Sprechen Sie nie schlecht über andere Menschen (z.B. Professoren, Vorgesetzte bei Berufspraktika etc.), auch wenn Sie allen Grund dazu hätten. Hier geht es um die Überprüfung Ihrer Loyalität, und ein »Plaudern aus dem Nähkästchen« wird kein potentieller Arbeitgeber in dieser Situation honorieren.

UMGANG MIT UNANGENEHMEN FRAGEN

»Sind Sie Jungfrau?« fragt der Personalchef eines mittelgroßen Berliner Unternehmens die hübsche 16jährige Bewerberin, die sich um einen Ausbildungsplatz bewirbt, und lehnt sich genüßlich in seinen Sessel zurück. Die glaubt, ihren Ohren nicht trauen zu können und wird schamrot. Dann aber besinnt sie sich sekundenschnell auf ihre Schlagfertigkeit und antwortet: »Nein, mein Sternzeichen ist Löwe.«

Dieser Vorfall hat die Frauenbeauftragte des Berliner Senats beschäftigt. Nicht immer gelingt es, sich durch eine derartige Schlagfertigkeit aus der Affäre zu ziehen.

Welche Fragen fürchten Sie im Vorstellungsgespräch? Machen Sie sich vorab eine Liste unangenehmer Fragen (sog. Angstfragen) und versuchen Sie, wie bei den anderen Themen auch, sich Antwortmöglichkeiten zurechtzulegen.

Reagieren Sie z.B. sehr zurückhaltend auf die Vorstellungsgesprächsfrage:

* **Was spricht gegen Sie als Kandidat für diese Aufgabe?**

Heben Sie an dieser Stelle eher noch einmal hervor, was für Sie spricht, und bieten Sie nach theatralischem, wohlkalkuliertem Zögern einen, maximal zwei Punkte an, die aber nicht wirklich überzeugend gegen Sie sprechen. Das müssen Sie sich naturgemäß vorher genau überlegt haben, damit Sie in so einer kritischen Situation den bestmöglichen Eindruck machen und nicht etwa unfreiwillig selbst den »Stab« über sich brechen (etwa nach dem Motto: »Ich glaube, Herr Direktor, ich bin noch etwas unreif ...«)

»Beliebte« Standardeinwände gegen Bewerber sind: Zu alt, zu jung, zu wenig erfahren, über- oder unterqualifiziert, zu lange studiert, keine Auslandserfahrung, falsches Geschlecht, zu häufig krank (wird eher gedacht als ausgesprochen), zu kritisch, zu schüchtern, falsche (auch ehemalige) politische Überzeugung und/oder Parteizugehörigkeit usw., mal eben das eine und dann auch wieder das genaue Gegenteil.

Mit dazu gehören auch Fragen wie:

* **Was würden Sie machen, wenn ...?**

Und dann folgen Horror- oder Katastrophenszenarien, fast unlösbare Aufgaben und Situationsbeschreibungen, die Sie nun mal eben so aus dem Stegreif lösen oder doch wenigstens bearbeiten sollen.

Was immer man gegen Sie einwendet (wenn überhaupt offen), es kommt darauf an, wie Sie damit umgehen. Manche Interviewer leiten einen solchen Überprüfungsversuch so ein:

* **Was würden Sie sagen, wenn wir Ihnen den Arbeitsplatz nicht anbieten, weil ...**

Hier empfiehlt es sich, als Bewerber etwa so zu reagieren: »Darauf würde ich Ihnen antworten, daß ich Ihr Argument einerseits verstehe, andererseits aber doch anführen oder bemerken möchte, daß ... «

Im Grunde genommen geht es bei einer derartigen Fragetechnik immer darum, zu sehen, ob und wie Sie Gelassenheit bewahren und mit solchen Fragen, Bemerkungen, Feststellungen umgehen können.

Wirkliche Einwände gegen Ihre Person wird man nie mit Ihnen diskutieren. Also ist das ganze Teil des Gesamtschauspiels »Vorstellungsgespräch«, und Sie sollten an diesem Punkt nicht verzweifeln. Hier gilt es eher, Chancen zu nutzen, weil Sie ja nun wissen, worauf es eigentlich ankommt.

Trotzdem kann es auch sinnvoll sein, z.B. den Vorwurf, Sie hätten zu lange studiert, einfach zu akzeptieren und nicht krampfhaft zu versuchen, sich herauszureden. Offenheit kann entwaffnend wirken.

Manche Bewerbungsgespräche sind z.T. als sog. »Streß-Interviews« angelegt.

Worum geht es: In einer Art Kreuzverhör werden Sie mit einer Reihe von unangenehmen und unerwarteten Fragen in die Ecke getrieben und stark verunsichert. Alles ist darauf angelegt, Ihr Selbstbewußtsein zu erschüttern. Eine Lawine von Beschuldigungen, Sarkasmus, Zynismus, Ironie und hin und wieder ein Kompliment könnte sie erwarten. Komplimente übrigens nur deshalb, damit Sie, eigentlich fast der Ohnmacht nahe, nicht einfach davonlaufen bzw. umkippen. Oft fehlt bei diesen Attacken jeder Bezug zum beruflichen Tun.

Nach einer »Anwärmphase« – sie dient der Entspannung und der Bereitschaft, sich dem interviewenden Gesprächspartner zu öffnen – wird gezielt versucht, Sie unter Druck zu setzen. Dies ist nicht schwer, weil jedes Vorstellungsgespräch für den Bewerber von vornherein einen gewissen Streß bedeutet.

Behauptet nun ihr Gegenüber im Gespräch, Ihre gesamten Aussagen und Angaben seien geschönt oder noch krasser: erstunken und erlogen, man sollte doch jetzt einmal Klartext miteinander reden, ist dies möglicherweise der Gong zur ersten Runde.

Wie reagieren Sie darauf? Bloß nicht zu heftig. Bleiben Sie gelassen und warten Sie ab. Versuchen Sie, alle Fragen so knapp wie möglich zu beantworten, und stehen Sie auch unangenehme Schweigepausen durch, schweigen Sie mit. Dazu ein kleines Beispiel:

Interviewer: Finden Sie nicht eigentlich auch, daß Sie für diese Position viel zu jung und unerfahren sind und dazu noch schlecht ausgebildet?

Antwort: Nein, da bin ich anderer Meinung. (Und abwarten, nur nicht aus Verunsicherung, Verzweiflung anfangen, zu argumentieren.)

Interviewer: Ich habe den deutlichen Eindruck gewonnen, daß die Professoren an Ihrer Hochschule recht froh darüber waren, als Sie endlich Ihren Abschluß gemacht haben.

Mögliche Antwort Ihrerseits: Das ist Ihr subjektiver Eindruck. Ich weiß nicht, wie Sie dazu kommen. Ich sehe das anders.

Interviewer: Sie haben sich doch jahrelang in Ihrem Studium vor konkreten Problemen gedrückt. Wie glauben Sie denn jetzt, bei uns mit den hier auf Sie wartenden praktischen Aufgaben und Schwierigkeiten klarzukommen?

Mögliche Antwort: Ich teile nicht Ihre Einschätzung bezüglich meiner Erfahrung im Umgang mit konkreten Problemen, und was den Arbeitsplatz anbetrifft, traue ich es mir sehr wohl zu, die anstehenden Probleme konkret zu lösen.

Interviewer: Sie vermitteln den Eindruck, recht unbeherrscht und impulsiv zu sein. Das macht Ihnen doch sicherlich häufig Schwierigkeiten?

Ihre mögliche Antwort: Ich weiß nicht, wie Sie darauf kommen, aber damit habe ich in der Regel keine Schwierigkeiten.

Interviewer: Na sehen Sie, Sie sagen es selbst. In der Regel. Es gibt also doch Ausnahmen.

Ihre mögliche Antwort: Eigentlich nicht, aber wie Sie selbst sagen, Ausnahmen gibt es natürlich schon mal.

Diese kleine und sicherlich unvollständige Dialog-Kostprobe sollte Ihnen Tendenzen und Antwortmöglichkeiten aufzeigen. Ein geschulter Streßinterviewer wird Ihnen kaum die Möglichkeit lassen, »unverletzt« aus so einer Situation herauszukommen.

Wenn Sie sich aber von vornherein darüber im klaren sind, daß diese Fragen nur der Provokation dienen, verletzen sollen, um Sie zum Äußersten zu bringen, dann können Sie entsprechend gelassen, ruhig und angemessen defensiv reagieren. Sollten Sie das zu sehr übertreiben, also zu cool bleiben, wird es natürlich noch stärkere Provokationen von seiten des Interviewers geben.

Möglicherweise erreicht das Gespräch – aber bitte nicht zu früh – einen Punkt, an dem Sie sich Frechheiten, Unterstellungen etc. von Ihrem Gegenüber in angemessener, aber noch immer relativ höflicher Form verbitten sollten. Es ist auch ab einem bestimmten Zeitpunkt notwendig, angemessen aggressiv (immer noch im Sinne von defensiv) zu reagieren, um auch zeigen zu können, daß man in der Lage ist, sich abzugrenzen.

Neben der gezielten Form, jemanden durch provokative und beleidigende Fragen zu kränken und aus der Reserve zu locken, versuchen manche Interviewer, den Bewerber durch extreme Passivität auflaufen zu lassen.

Lange Schweigepausen des Interviewers oder eine abwartende, desinteressierte Haltung soll

a) Sie in Zugzwang bringen, viel zu reden, von sich zu erzählen und etwas preiszugeben,
b) Ihr Verhalten in einer Schweigesituation testen.

Halten Sie durch. Sollte man Sie plötzlich mit dem Vornamen anreden bzw. zum Du übergehen, bringen Sie Ihr deutliches Befremden darüber zum Ausdruck. Wenn dies den Interviewer nicht veranlaßt, zum europäischen Mittelmaß der Umgangshöflichkeit zurückzufinden, verlangen Sie für sich umgekehrt die gleichen Rechte und drücken Sie nochmals Ihr deutliches Befremden aus. Bleiben Sie letztendlich trotzdem beim Sie (und – wie bereits des öfteren empfohlen – gelassen).

Fragen wie

* **Was sind Ihre größten Schwächen? oder**
* **Falls Sie überhaupt Freunde haben, wie kommen die eigentlich mit Ihnen klar?«**

müssen Sie mit Gleichmut ertragen. Fängt man an, Ihnen Dummheit zu unterstellen, nach dem Motto

* **Sie bewerben sich hier um eine Position – ist die nicht drei Nummern zu groß für Sie?**

dürfen Sie ruhig darauf hinweisen, daß man sich mit Ihnen nicht diese Mühe geben würde, wenn man von vornherein davon überzeugt gewesen wäre, Sie würden in diese Position nicht passen.

Noch ein Provokationsbeispiel:

Interviewer: »Eigentlich sitzen mir hier auf diesem Platz nur Leute gegenüber, die wirklich exzellente Leistungen aufzuweisen haben. Sie können in dieser Hinsicht nicht viel vorweisen. Sicherlich haben Sie andere Qualitäten, sonst hätten Sie sich ja wohl nicht bei uns beworben? Nun, die Zeit ist knapp, am besten Sie berichten mir etwas über sich. Ich werde Sie nicht unterbrechen.«

Auch auf so eine breite und offene Frage kann man sich vorbereiten. Sie sollten immer in der Lage sein, 10 bis 15 Minuten den »Alleinunterhalter« zu spielen und dabei wirklich nicht zu langweilen. Das sind Sie sich einfach schuldig. Aber erwarten Sie bitte nicht ein interessiertes, begeistertes Gesicht von Ihrem Gegenüber. Der wird sich alle Mühe geben, furchtbar gelangweilt dreinzuschauen. Macht nichts, ein Streß-Interview eben!

Noch einmal zusammengefaßt: Das Hauptziel des Interviewers ist es, Sie aus der Reserve zu locken, sie zu provozieren, Ihr Verhalten in einer Streßsituation zu testen. Es liegt bei Ihnen, wie weit Sie sich darauf einlassen, inwieweit Sie vorbereitet sind, und wie Sie mit so einer Situation umgehen wollen. Wichtig ist es, die Ruhe zu bewahren und gelassen zu bleiben, möglichst kurz und knapp zu antworten, aber auch darauf hinzuweisen, daß es Grenzen gibt.

Zeigen Sie, daß Sie sich abgrenzen können, verweigern Sie sich und weisen Sie Intimfragen zurück. Denn: Lassen Sie alles widerspruchslos mit sich machen, bekommen Sie dafür keinesfalls Pluspunkte. Weisen Sie darauf hin, daß der Interviewer mit diesen Fragen über das Thema hinausschießt und Sie nicht gewillt sind, weiter hierauf einzugehen. Bleiben Sie trotz aller Abgrenzung gelassen und relativ freundlich. Stehen Sie nicht einfach auf, verlassen Sie nicht den Raum, denn das würde man Ihnen als Niederlage, als Aufgeben ankreiden.

Und noch etwas: Unternehmen oder Personalberater, die dieses Verfahren praktizieren, sind für Sie möglicherweise nicht die richtige Arbeitsadresse. Machen Sie sich deutlich, was Ihnen unter Umständen erspart geblieben ist, wenn Sie auf einen solchen Arbeitsplatz bei diesem Arbeitgeber verzichten.

Andererseits mißverstehen Sie nicht jede kritische Frage als den Beginn eines Streß-Interviews und begegnen Sie Ihrem Interviewpartner nicht von vornherein mißtrauisch. Streß-Interviews sind Gott sei Dank nicht die unbedingte Regel, eher eine Ausnahme. Ein normales Interview mit einem Streß-Interview zu verwechseln, kann Ihrem Arbeitsplatzwunsch ebenso abträglich sein, wie eine unangemessene, angepaßte oder aggressive Haltung in einem wirklichen Streß-Interview.

NOTLÜGEN AUS NOTWEHR

So wie der Gesetzgeber den Begriff Notwehr kennt, existiert für das Bundesarbeitsgericht der Sachverhalt der Notlüge. Darunter ist zu verstehen, daß bestimmte Fragen im Vorstellungsgespräch, z.B. nach der Zugehörigkeit zu einer politischen Partei, nicht wahrheitsgemäß beantwortet werden müssen, wenn der Bewerber davon ausgehen muß, daß von einer bestimmten Antwort die Vergabe des Arbeitsplatzes abhängen könnte.

Vorausgeschickt werden muß: Bestimmte Fragen und Themen dürfen im Bewerbungsverfahren gar nicht behandelt werden. Es sind nur solche Fragen erlaubt, die »arbeitsbezogen« sind, d.h. die mit dem zu besetzenden Arbeitsplatz in direktem Zusammenhang stehen.

Unzulässig ist die Ausforschung der politischen Meinung ebenso wie Fragen nach (auch früherem!) gewerkschaftlichem Engagement oder Privatplänen in puncto Heiraten, Familienplanung, Freizeitgestaltung und Hobbys. Frühere Krankheiten und die Frage nach einer Schwangerschaft sollten genauso tabu sein, wie die Frage nach den Berufen von Eltern, Geschwistern und manchmal auch noch Freunden, sowie nach den privaten Vermögensverhältnissen (evtl. Schulden).

»Verboten sind außerdem Fragen nach Vorstrafen soweit ganz allgemein gefragt wird, also nicht nur nach solchen Vorstrafen, die ›einschlägig‹ sind; unzulässig ist dann konsequenterweise auch das Verlangen, ein polizeiliches Führungszeugnis vorzulegen; unzulässig sind schließlich Fragen nach laufenden Ermittlungsverfahren. Unzulässig ist auch die Frage nach der früheren Arbeitsvergütung (sie dient ja u.a. dazu, evtl. Lohnansprüche des Bewerbers zu dämpfen); zulässig ist diese Frage jedoch dann, wenn sich daraus für die konkret in Aussicht genommene Tätigkeit Folgerungen ziehen lassen, z.B. wenn die Höhe der Vergütung Rückschlüsse auf die mit der früheren Tätigkeit verbundene Verantwortung ermöglicht, und die in Aussicht genommene Position ebenfalls besonders verantwortliche Aufgaben mit sich bringt...

Beantwortet der Bewerber eine unzulässige Frage falsch, so hat dies für die Wirksamkeit des Arbeitsvertrages keinerlei nachteilige Folgen. Dies ist zwangsläufig die Konsequenz des eingeschränkten Fragerechts des Arbeitgebers. Denn das bloße Recht, die Antwort zu verweigern, würde dem Bewerber nichts nützen; hier wäre keine Antwort eben auch eine Antwort. Lassen sich Tatsachen, die der Bewerber nicht anzugeben braucht, aus dem Lebenslauf erschließen, so darf der Bewerber den Lebenslauf insoweit ›normalisieren‹.« (E. Stevens-Bartol, Bewerbung, Einstellung, Vertragsschluß, München 1990, S. 18f.)

Natürlich gibt es wie bei jeder Regel auch Ausnahmen: Wenn z.B. jemand für die katholische Kirche arbeiten will, ist die Frage des Arbeitgebers Kirche nach der Religionszugehörigkeit des Bewerbers durchaus zulässig. Einsichtig ist natürlich auch die Frage nach früheren Krankheiten bei Pilotenbewerbern oder Zugführern, was für Sie sicherlich keine Relevanz hat.

In der Alltagsbewerbungssituation ist es aber leider eher so, daß nahezu jeder Arbeitgeber unzulässige Fragen an die Bewerber stellt. Durch seinen Eingriff in die per Grundgesetz geschützte Privatsphäre des Arbeitssuchenden löst er bei diesem einen nicht zu unterschätzenden Gewissenskonflikt aus, dem mit dem Notwehr-Recht auf Lüge Rechnung getragen wird.

KÖRPERSPRACHE

Wieviele Sprachen beherrschen Sie? Ihre Muttersprache, Fremdsprachen – sehr schön. Viele Personalchefs und Taschenpsychologen glauben, die Körpersprache zu beherrschen, oder besser: zu verstehen. Der Körper lügt angeblich nicht (übrigens: Lügen haben kurze Beine). Erhobener Zeigefinger, hochgezogene Augenbrauen, gerümpfte Nase und eine in Falten gelegte Stirn sprechen eine deutliche Sprache. Wer die Hände im Schoß faltet oder hinter dem Kopf verschränkt, signalisiert seiner Umwelt bewußt oder unbewußt etwas. Nur was, ist hier die Frage.

Personalfritzen hantieren gerne mit Listen, aus denen sie schnell ablesen können, was eine bestimmte Haltung, Geste, Mimik usw. angeblich für eine Bedeutung hat – auf ähnlich düsterem Niveau wie die diversen Traumdeutungsbücher, die einem aufs Stichwort verraten, was der Traum der vergangenen Nacht bedeutet.

Im wesentlichen geht es um
- Blickverhalten
- Mimik
- Gesten
- Körperhaltung
- Sprechweise
- Geruch

Bitte nehmen Sie die folgende Liste nicht zu ernst, aber Sie sollten wissen, wie Ihr Verhalten möglicherweise interpretiert werden könnte.

Körpersignal	Bedeutung
Blickverhalten	
Augen betont weit offen	Aufmerksamkeit, Aufnahmebereitschaft, Sympathie, Weltoffenheit signalisierend, Flirtverhalten
verengte Augenöffnung	Konzentration, Entschlossenheit, Eigensinn, Kleinlichkeit, überkritische Haltung
zugekniffene Augen	Abwehr, Unlust
gerader Blick	Offenheit, Gewissensreinheit, Vertrauen
schräger Blick	abschätzende Zurückhaltung
häufiger Blickkontakt	Sympathie
häufiges Wegsehen	mangelnde Sympathie oder Verlegenheit
auffällig häufiger Lidschlag	Unsicherheit, Befangenheit u.U. nervöse Störung
Mimik	
offenes Lächeln	offene Heiterkeit, uneingeschränkte Mitfreude
gequältes Lächeln	ironisch, schadenfroh, blasiert, ängstlich
überwiegend geöffneter Mund	Mangel an Selbstkontrolle
zusammengepreßter Mund	Zurückhaltung, Reserviertheit, Verkniffenheit, Kontaktarmut
Mundwinkel nach unten	Bitterreaktion, Pessimist, depressiv
Mundwinkel nach oben	Aktivität bis Abwehr
Heben der Augenbrauen	Ungläubigkeit oder Arroganz

Gesten

übertrieben kräftiger Händedruck (»Knochenbrecher«)	Rücksichtslosigkeit, Angeberei
kräftiger Händedruck ohne Übertreibung	Aufrichtigkeit, Sicherheit
schlaffer Händedruck (»tote Hasenpfote«)	Unsicherheit, kontaktarm, leicht beeinflußbar
Hand wegziehend	Verschlossenheit
verschränkte Arme	
– bei Männern	Ablehnung, Verschlossenheit
– bei Frauen	Selbstschutz, Angst
Hand vor den Mund halten	
– während des Sprechens	Unsicherheit
– nach dem Sprechen	will das Gesagte zurücknehmen
Sprecher hält Armlehnen mit beiden Händen fest	Aggressivität, aber etwas unsicher, neigt zur Weitschweifigkeit
Kopf auf Hände stützen	Nachdenklichkeit, Erschöpfung, Langeweile
Spitzdach mit den Händen formen	Arroganz, Abwehr gegen Einwände
Hände reiben	selbstgefällig, selbstzufrieden
spielende Hände	Zeichen von Erregung, Nervosität, Befangenheit, Angst, Verwirrung
mit dem Finger auf den Gesprächspartner zeigen	Angriff, Wut
Hand zur Faust verkrampfen	Wut, verhaltener Zorn
Anfassen der Nase	Nachdenklichkeit, kritische Haltung, Verlegenheit
über den Hinterkopf streichen, Zupfen an den Ohren	Verlegenheit, Unbehagen, Ärger
Streichen des Kinns	Nachdenklichkeit, Zufriedenheit
Finger zum Mund nehmen	verlegen, unsicher
mit den Fingern trommeln	Nervosität, Ungeduld
häufiges Spielen mit dem Ring	Eheprobleme, frustiert vom häuslichen Leben
häufiges Abnehmen der Brille	Ablehnung, Angriff, Nervosität

Körperhaltung

Achselzucken, die Handflächen nach außen	passive Hilflosigkeit
übereinandergeschlagene Beine	
– zum Gesprächspartner hin	Aufbau eines Sympathiefeldes
– vom Gesprächspartner weg	Ablehnung, Unwillen
übergeschlagene Beine, Knie in die Hand gestützt	kritisch, skeptisch
dicht aneinandergestellte Füße beim Sitzen	schuldhafte Ängstlichkeit, Einzelgänger, überkorrekte Grundeinstellung

breit auseinanderklaffende Beine beim Sitzen	sorglose Unbekümmertheit, Rücksichtslosigkeit
friedlich ruhende Sitzhaltung	Selbstsicherheit, aber auch robuste Unbekümmertheit, seelische Erschöpfung
alarmbereite Sitzweise (auf dem Sprung sein)	Mangel an Selbstvertrauen und Sicherheit, auch Mißtrauen, innere Unruhe, Angst
Füße um die Stuhlbeine legen	Unsicherheit, Suche nach Halt
Füße nach hinten nehmen	Ablehnung
mit den Füßen wippen	Arroganz, Ungeduld, Sicherheit, Aggressivität
steife, militärische Körperhaltung, geziert aufrecht	Unterdrückung von Angst
breitbeinig dastehen, Daumen in die Achselhöhlen	Selbstsicherheit
den Oberkörper weit nach vorn lehnen	Interesse, Sympathie, Wunsch zu unterbrechen
den Oberkörper weit zurücklehnen	Desinteresse, Ablehnung
Sprechweise	
lautstarke Stimme	Vitalität, Selbstbewußtsein, Kontaktfreude, aber auch Unbeherrschtheit, Geltungsdrang
leise, flüsternde Stimme	Schwäche, mangelndes Selbstbewußtsein, aber auch Sachlichkeit, Bescheidenheit
schnelles Sprechtempo	Impulsivität, Temperament, aber auch ungezügelt, nervös
langsames Sprechtempo	antriebsschwach, aber auch Sachlichkeit, Besonnenheit, Ausgeglichenheit
wechselndes Sprechtempo	innere Unausgeglichenheit
ausgeprägte Pausengestaltung	Disziplin, Selbstbewußtsein
starke Akzentuierung	Lebhaftigkeit, Gefühlsstärke
schwache Akzentuierung	Uninteressiertheit, mangelnde geistige Flexibilität
Geruch	
parfümiert	werbend
überstark parfümiert	unsicher, vernebelnd
Schweißgeruch	ängstlich, unordentlich

- *Sie sind den Lesern und mir immer noch die Antwort auf meine Frage schuldig, ob es nun schicklich ist, eine gereichte Hand zu nehmen und zu schütteln, oder nur zu nehmen ohne zu schütteln.*

– Aber ja doch, Herr Mühsam.

Organisatorische Aspekte

DIE VOR- UND NACHBEREITUNG

Zur angemessenen Vorbereitung haben wir Ihnen schon auf den Seiten 15 ff. einiges mitgeteilt. An dieser Stelle unseres Buches mit dem Schwerpunktthema Vorstellungsgespräch und Selbstdarstellung angekommen, lohnt sich für Sie der Gedanke, wie Sie dies alles didaktisch klug und effektiv angehen wollen.

Lesen allein mag auch schon hilfreich sein, aber eine wirklich gründliche Vorbereitung erfordert mehr. Im Laufe Ihrer Studienzeit werden Sie hoffentlich eine besonders für Sie geeignete Prüfungsvorbereitungsstrategie ...

- *Kennen Sie ein längeres Wort? Bitte schreiben Sie uns!*

Sei es, daß Sie mit Karteikarten arbeiten, Rollenspiele veranstalten oder lieber mittels eines Tonband- oder sogar Videogerätes die Art der Präsentation von Informationen, von Lerninhalten üben – Sie werden sich in allen Fällen ausführliche Gedanken machen müssen, wer Sie und wie Sie sind und vor allem wie Sie etwas von sich Ihrem Gegenüber vermitteln wollen.

Wie bringen Sie was »rüber«? lautet die Frage, die Herausforderung. Schreiben Sie sich nach Abschluß Ihrer Überlegungen ein »Drehbuch«. Beschreiben Sie Ihre wesentlichen Merkmale, Eigenschaften, Charakterzüge, die Sie vermitteln wollen und notieren Sie sich, wie Sie diese glaubhaft belegen können.

Sie können nicht nach jeder Frage im Vorstellungsgespräch zunächst einmal in diesem Buch nachschlagen und versuchen, die richtige Einordnungs-Kategorie zu finden, um sich dann anhand unserer Hinweise eine gute Antwort zu überlegen. Stecken Sie also jetzt den Rahmen ab, was Sie und wie Sie etwas über sich sagen wollen.

Verzeifeln Sie nicht: Allein, daß Sie sich mit den Hintergrundaspekten der verschiedenen potentiellen Fragen im Vorstellungsgespräch auseinandergesetzt haben, wird Sie stärken. Daß Sie anfangs dabei ein »flaues Gefühl« entwickeln und glauben, dem allen nicht gewachsen zu sein, ist fast natürlich. Das Gegenteil sollte Sie übrigens viel eher mißtrauisch machen.

Es kann sehr hilfreich sein, wenn Sie Bewerbungserfahrungen machen, ohne daß Sie unbedingt den angebotenen Arbeitsplatz wirklich anstreben. Dies ist eine ideale Experimentier-, Spiel- und Lernebene, von der Sie profitieren – für den Ernstfall, wenn es dann wirklich für Sie darauf ankommt, einen bestimmten Arbeitsplatz zu erobern.

Nun noch einige andere Details, die Sie in Ihrer Gesamtbedeutung ebenfalls nicht unterschätzen sollten.

ANREISE

»Wer zu spät kommt, den bestraft das Leben« – ist der Tip von Michail Gorbatschow (nicht nur) zum Thema Bewerbungs- und Vorstellungsgespräch. Also planen Sie genügend Zeit für Ihre Anreise ein, mit Berücksichtigung eventuell auftretender Verzögerungen (Staus etc.). Auch wenn Sie glauben, den Weg gut zu kennen, können Sie nicht sicher sein, z.B. in einem labyrinthartigen Bürogebäudekomplex gleich den kürzesten Weg und das richtige Zimmer zu finden. Besser also, Sie sind eine viertel Stunde zu früh da, als zehn Minuten zu spät. Natürlich dürfen Sie nicht übertreiben. Wer zwei Stunden vor dem eigentlichen Termin aufkreuzt, macht ebenfalls einen denkbar schlechten Eindruck.

Entscheidend ist, so ausgeruht wie nur irgend möglich den Ort des Geschehens zu erreichen. Sollten Sie sich wider Erwarten an einem so wichtigen Tag krank fühlen, ist es sinnvoller, den Termin abzusagen, als beispielsweise mit allen sichtbaren und unsichtbaren Befindensbeeinträchtigungen einer schweren Erkältung anzutreten und sich nicht optimal präsentieren zu können.

Und noch ein wichtiger Hinweis: Ist das Vorstellungsgespräch für Sie mit Fahrt-, Verpflegungs- und Unterbringungskosten verbunden, so gilt für die Erstattung folgende Regelung: Bei einer Einladung zum Vorstellungsgespräch muß der potentielle Arbeitgeber für alle angemessenen Kosten aufkommen, die Ihnen entstehen, egal, ob ein Arbeitsvertrag zustandekommt oder nicht. Sollte ein potentieller Arbeitgeber dazu nicht bereit sein, so muß er es Ihnen vorher ausdrücklich mitgeteilt haben.

Stellen Sie sich bei einem Arbeitgeber aus Eigeninitiative vor, ohne die ausdrückliche Verabredung, daß dieser für die Reisekosten aufkommt, müssen Sie alle Auslagen selbst tragen.

KLEIDUNG

- *Tja, meine lieben Leser, Kleider machen Leute.*
- *Frau Voss, Sie bringen es wieder mal genau auf den Punkt. Sie sehen heute mit Ihrem kleinen blaugepunkteten Ensemble ganz besonders elegant aus.*

Das wußten Sie bereits: Wer sich zum Beispiel um einen Arbeitsplatz in einem Bankkonzern bewirbt, tritt besser nicht in Sportschuhen und Jeans auf. Sollten Sie aber glauben, daß diese Bekleidungsutensilien bei einem Sportartikelmulti dazu angetan sind, Pluspunkte zu sammeln, irren Sie (selbst wenn das Unternehmen *Puma* heißt).

Gibt es Patentrezepte? Das sicherlich nicht. Aber generell gilt: Heutzutage kleidet man sich als Jungakademiker gediegen, zurückhaltend-vornehm, eher wieder konservativ. Gefragt ist auch bei Damen die schlichte Eleganz. Unsere Empfehlung: Schauen Sie sich doch einfach mal typische Berufsvertreter in der von Ihnen angestrebten Position an und orientieren Sie sich an deren Kleidung.

Verdeutlichen Sie sich, daß Sie bereits mit Ihrem Erscheinungsbild eine Art Arbeitsprobe und Visitenkarte abgeben. Vermeiden Sie es, besser gekleidet zu sein als Ihr Gegenüber und verzichten Sie auf Extravaganz, auf jede grelle, poppige, übertriebene Maskerade (Schminke) – mit vielleicht einer Ausnahme: Sie bewerben sich bei einer Werbeagentur oder in der »Kunstszene«.

Und noch ein Tip: Die Gardrobe für Ihren wichtigen (Bühnen-)Auftritt müssen Sie kennen, d.h. vorher wenigstens an- und ausprobiert, besser einige Stunden bereits getragen haben. Drückende Schuhe, einquetschende, fast platzende Hemden, Hosen, Röcke, fehlende Knöpfe, kaputter Saum, Flecken, alles das stellt im Moment, da Ihr Auftritt kurz bevorsteht, eine furchtbare Falle, Verunsicherung, Gefährdung und eine Quelle des Unwohlseins dar. Gehen Sie kein unnötiges Risiko ein, machen Sie einen Generalprobe-Test, fühlen Sie sich selbst in Ihre Rolle, aber auch in Ihre Ver-Kleidung ein.

Betrachten Sie sich ausführlich im Spiegel, bekommen Sie zu sich, zu Ihrer geplannten Rolle und Ausstattung eine Beziehung.

NACH-DENKEN UND NACH-FASSEN

Wir wissen nicht, was Frau Lot sah, als sie sich umdrehte, und auch Herr Lot konnte diesbezüglich keine Angaben machen. Wir aber empfehlen Ihnen nach einem Vorstellungsgespräch auf jeden Fall einen Blick zurück, wenn auch nicht im Zorn.

Wie ist das Vorstellungsgespräch gelaufen? Mit welchen Fragen haben Sie nicht gerechnet? Was ist Ihnen gelungen, was weniger? Was könnten Sie jetzt mit mehr Gelassenheit besser beantworten? Worauf müssen Sie sich beim nächsten Mal besser vorbereiten? Was haben Sie aus alledem gelernt?

Dazu gehört auch die Erstellung eines möglichst ausführlichen Gedächtnisprotokolls inklusive aller Personen und deren Namen, die Ihnen begegnet sind. Wenn Sie wissen, wie die Sekräterin des Personalchef heißt, können Sie sie beim nächsten Telefonat persönlich ansprechen. Vielleicht hilft's und Sie kriegen durch Ihre nette Ansprache den großen Chef persönlich an das Telefon, obwohl seine Sekretärin ansonsten alle Anrufer abwimmelt.

Nach der Schwerstarbeit Vorstellungsgespräch haben Sie eine Belohnung verdient, unabhängig, wie das Ganze für Sie gelaufen ist. Lassen Sie sich verwöhnen oder tun Sie sich selbst etwas Gutes an. Sie brauchen neue frische Kräfte für eine eventuelle nächste Runde.

Hoffentlich haben Sie am Ende Ihres Vorstellungsgesprächs eine Information erbeten bzw. erhalten, wie und wann der Entscheidungsprozeß weitergeht. Natürlich müssen Sie jetzt erst einmal einige Tage abwarten und sehen, ob sich etwas tut, es sei denn, Sie haben es anders vereinbart. Üben Sie sich in Geduld und fragen Sie nicht vor Ablauf einer Frist von etwa fünf bis maximal zehn Tagen nach, was aus Ihrer Bewerbung geworden ist.

Sollten Sie allerdings vier Wochen verstreichen lassen, ohne sich interessiert zu zeigen und nachzufragen, wird das sehr wahrscheinlich gegen Sie ausgelegt. Eine lange Wartezeit spricht aber auch gegen Ihren potentiellen Arbeitgeber – denn: Man läßt Kandidaten nach einem Vorstellungsgespräch nicht lange ohne Zwischenbescheid im unklaren.

Zu den besonderen »Tricks«, sich als Bewerber von anderen deutlich abzuheben gehört u.a. der »Bewerber-Nachfaßbrief«. Ein bis maximal drei Tage nach Ihrem Auftritt abgeschickt, wird dieses Schreiben Ihren

Gesprächspartner (deshalb sind Namen so wichtig) veranlassen, sich erneut mit Ihnen zu beschäftigen. In diesem Brief bedanken Sie sich nicht nur für das interessante Gespräch, sondern knüpfen an das an, was offen geblieben ist, was Sie noch nachtragen möchten etc.

Im wesentlichen geht es darum, mit diesem Brief (eine Seite reicht vollkommen aus) deutlich zu machen, daß Sie sehr interessiert bzw. motiviert sind, verstanden haben, worum es geht und gerne bereit sind das wunderbare, inhaltsvolle Gespräch (bitte, das meinen wir jetzt ironisch) jederzeit weiter fortzusetzen, am liebsten aber natürlich Ihre ganze Arbeitskraft für das Unternehmen einsetzen wollen.

Achtung: Machen Sie so etwas plump oder gar blöd (vielleicht auch nur ungeschickt oder langweilig), und ist das Vorstellungsgespräch eher schwer und schleppend verlaufen, gewinnen Sie nichts (logo, vielleicht gehörten Sie ja bereits schon nicht mehr in die engere Kandidaten-Wahl). Gelingt es Ihnen aber, nach einem gut verlaufenen Gespräch, in dieser Brief-Aktion intelligent »einen draufzusetzen«, verbessern Sie Ihre Chancen, unter die ersten drei Plätze (wenn nicht gleich an die Spitze) zu kommen.

Aus gegebenem Anlaß wollen wir hier von Formulierungsvorschlägen absehen. Sie können also – von diesem Buch ganz unbelastet – Ihrer Phantasie, Ihrer Kreativität relativ freien Lauf lassen, ohne daß Sie befürchten müssen, Mitbewerber würden ähnliche Texte aufsetzen.

Nun ist es nicht außergewöhnlich, die in die engere Wahl kommenden zwei oder drei Bewerber zu einem zweiten, vielleicht sogar zu einem dritten Gespräch zu bitten. Hier geht es darum, noch offene Fragen ausführlich abzuklären, noch einen besseren persönlichen Eindruck zu bekommen und vielleicht Sie als Kandidaten Ihren potentiellen Kollegen vorzustellen, um auch ggf. deren Meinung mit zu berücksichtigen.

Oftmals werden erst jetzt die Arbeitsbedingungen und die Bezahlung richtig verhandelt. Seien Sie also informiert, was man für die Position, für die Sie sich bewerben, in der Regel an Gehalt erwarten kann. Je nachdem, welche Qualifikation, vielleicht sogar Vorerfahrung Sie einbringen können, welche zukünftige Leistung Sie glaubwürdig in Aussicht stellen, werden sich Ihre Gehaltswünsche realisieren lassen.

Zeigen Sie aber auch bei den Gehaltsverhandlungen Besonnenheit und vermitteln Sie nicht den Eindruck, daß es Ihnen nur ums Geld geht. Beide Seiten – Arbeitgeber und Arbeitnehmer – müssen einen tragbaren Kompromiß in der Gehaltsfrage finden. Vereinbaren Sie z.B., daß nach einer Einarbeitungsphase – halbes/dreiviertel Jahr – Ihr Gehalt automatisch um X Prozent gesteigert wird.

Verdeutlichen Sie sich und Ihrem Arbeitgeber in jedem Fall: Sie sind nicht bereit, Ihre Arbeitsleistung unter Wert zu »verkaufen«. Den richtigen Preis für Ihre Leistung zu bestimmen, ist eine Aufgabe, die zu den wichtigen Vorüberlegungen gehört. Daß es da unterschiedliche Auffassungen geben kann, liegt in der Natur der Sache.

- *Ist es zu empfehlen, nach einem gut verlaufenen zweiten Vorstellungsgespräch als Zeichen meiner inneren Bewegtheit mit beiden Händen nach der mir dargebotenen Hand des Arbeitgebers zu greifen? Darf ich oder soll ich sie dann schütteln oder besser nicht?*
- *Ist das nicht eine Frage, Herr Mühsam, die Sie lieber mit Ihrem behandelnden Orthopäden besprechen sollten?*

Noch einmal zusammengefaßt und auf den Punkt gebracht: Worum geht es im Vorstellungsgespräch? Neben der inhaltlichen Beantwortung der Fragen in den 10 Phasen stehen sechs Beurteilungskriterien im Mittelpunkt:

- Wie ist die äußere Erscheinung?
- Wie das Auftreten und die Umgangsformen?
- Wie verhält es sich mit der Anpassungs-/Einordnungsbereitschaft und Teamfähigkeit?
- Wie ist die intellektuelle Leistungsfähigkeit/Auffassungsgabe?
- Wie ist das sprachliche Ausdrucksvermögen?
- Wie ist das zu erwartende Arbeitsverhalten?

BERUFSEINSTIEG

Anfangszeit gleich Leidenszeit?

Des Menschen Wille ist sein Himmelreich – manchmal aber auch seine Hölle. Nach all den Bewerbungsmühen, die jetzt durchgestanden sind, schweben Sie immer noch ein bißchen auf Wolke 7, nicht zuletzt wegen des erworbenen Hochschulabschlusses (endlich sind Sie...), – und nun ist auch noch dieses Ziel erreicht: Sie haben Ihn, Ihren Traumjob!

Aus der Traum? – Die erste Woche, der erste Monat an Ihrem neuen Arbeitsplatz kann sehr ernüchternd wirken. Fühlten Sie sich an der Universität eben noch wie ein frisch Gekrönter, spüren Sie jetzt an Ihrem neuen Arbeitsplatz die »Achtung«, die man einem Anfänger entgegenbringt. Damit aus dieser Achtung nicht Ächtung wird, sondern eher Hochachtung, wie Sie es sich als Hochschulabsolvent erhoffen, bedarf es erneut der drei von uns bereits gepriesenen Haupttugenden

Ausdauer, Geduld und Gelassenheit.

Der Berufseinstieg wird von Psychoexperten gern mit den Termini »Praxisschock« und »kritisches Lebensereignis« charakterisiert.

Und in der Tat: Damit aus dem Traumjob kein Alptraum wird, muß auch weiterhin eine ganze Menge an Anpassungsleistungen von Ihnen erbracht werden. Ein deutlicher Vorgeschmack war das Initiationsritual Bewerbung, daß Sie ohne eine Begabung für Anpassungsübungen wohl nicht erfolgreich überstanden hätten.

Wieder sind Sie ein Lernender, vieles an der Uni Einstudierte erweist sich im Berufsalltag als wenig hilfreich. Aber Sie haben ja lernen gelernt, lebenslänglich, und müssen jetzt lediglich mit der Kränkung fertigwerden, sich nach dem Hochschulabschluß quasi in den Niederungen des Anfängerstatus wiederzufinden.

Was Ihnen jetzt weiterhilft, sind akribische Beobachtungen von Arbeitsabläufen und interpersonalen Strukturen sowie die richtigen Schlußfolgerungen daraus. Schaffen Sie sich Ansprechpartner, die Sie unterstützen, die Sie hemmunglos ausfragen können. Vermeiden Sie es, sich KollegInnen dadurch zu Gegnern zu machen, daß Sie alles ganz anders und natürlich viel besser machen wollen.

Versuchen Sie zunächst einmal, sich an Ihren neuen Tagesablauf zu gewöhnen, der im Vergleich zum »Selbstbedienungsladen« Universität ein Mehr an Strukturierung enthält, mit der Konsequenz einer vermehrten Fremdbestimmung.

Aufkommende Frustrationsgefühle sind keine Seltenheit, aber kein Grund, ihnen wirklich nachzugeben. An Kündigung darf man denken, aber sprechen Sie es nicht aus (vor allen Dingen nicht im Kollegenkreis).

Nach Meinung von Experten sollte Ihr erstes Arbeitsengagement wenigstens zwei Jahre Bestand haben, drei und vier Jahre sind sicherlich auch nicht schlecht, vor allem, wenn Sie dann deutliche Karrieresprünge machen. Diese sind in der Regel mit einem Arbeitsplatzwechsel verbunden.

Wie Sie sich dann als schon leitender Mitarbeiter mit einer gewissen Berufserfahrung richtig und erfolgreich bewerben, ist ein anderes Thema ...

- *... und ein neues Buch. Nicht wahr, Frau Voss?*
- *Ja, und da sind wir natürlich auch wieder mit von der Partie!*

ALTERNATIVEN

Besser freiwillig aktiv als zwangsweise passiv

Mal angenommen (obwohl es eigentlich kaum vorstellbar ist), allen Bewerbungsbemühungen zum Trotz – kein Arbeitvergeber hat oder will Arbeit vergeben: Sie sind also z.B. ein arbeitsloser Soziologe. Was machen Sie jetzt?

So banal es sich zugebenermaßen anhört und so leicht es sich natürlich vom grünen (Schreib-)Tisch aus sagen läßt: Aktivität ist allemal besser als Passivität.

Vielleicht lag es ja daran, daß leider während des Bewerbungsrituals Ihre postuniversitäre Erfolgsdepression allzu deutlich wurde und deshalb andere Bewerber die Nase vorn hatten. Gerade nach erfolgreichen, wenn auch nicht leichten Studienabschlüssen sind depressionsartige Verstimmungen keine Seltenheit, obwohl es doch eigentlich jede Menge Gründe gäbe, sich zu freuen (daher auch die Bezeichnung Erfolgsdepression).

Wenn jetzt zu alledem auch noch das Bewerbungs-Mißerfolgserlebnis »Ablehnung« hinzukommt, ist häufig eine bedenkliche Krisensituation erreicht. Wichtig ist jetzt der Kontakt mit Leidensgefährten, um aus der scheinbaren Vereinzelung dieser Situation herauszutreten. Gemeinsam mit anderen Bewerbungserfahrungen auszutauschen und neue Bewerbungen vorzubereiten, kann helfen.

Anknüpfungspunkte sind auch Bewerbungstrainings, wie sie an der Uni, an der Volkshochschule oder von privater Seite angeboten werden. Hier kann man gut neue Leute in ganz ähnlichen Situationen kennenlernen und geteiltes Leid ist ja bekanntlich halbes Leid.

Nun kommt es darauf an, auch diese Zeit aktiv zu nutzen und aus der Situation etwas für sich zu machen. Dabei gilt es zunächst, kritisch und mit einer nicht zu niedrigen Frustrationstoleranz abzuschätzen, wieviel Bewerbungsinitiative Sie bisher wirklich aufgebracht haben. Dem muß sich eine intensive und schonungslose Fehleranalyse anschließen. Sollte das Ergebnis eine deutliche Neuorientierung nahelegen, mit der Notwendigkeit, die eigene Ausgangsposition für weitere, neue Bewerbungen zu verbessern, bieten sich dafür verschiedene Vorgehensweisen an:

Zunächst einmal bedarf es der Absicherung des Lebensunterhaltes. Es macht aber einen Unterschied, ob Sie nachts U-Bahn-Waggons putzen oder in einem gemeinnützigen Verein unterbezahlte Tätigkeiten als SekretärIn übernehmen. Es kommt darauf an, daß sich aus dieser Tätigkeit zumindest theoretisch etwas entwickeln läßt.

Oftmals ist ein Berufseinstieg nur über Umwege möglich. Als Volkshochschuldozent z.B. erwirbt man auch eine Qualifikation, die sich bei einem neuen potentiellen Arbeitgeber im Bereich Erwachsenenbildung gut präsentieren läßt.

Das entscheidende Moment ist Ihre kreative Phantasie, gepaart mit zielorientierter Planung und mutiger Vorgehensweise.

Um weiter das Soziologenbeispiel zu bemühen: Sie müssen eine Entscheidung treffen, in welchem Berufs- bzw. Branchenbereich Sie sich Ihr berufliches Engagement gern und erfolgreich vorstellen können. Eine parteipolitische Laufbahn erfordert ein anderes Vorgehen als die angestrebte Mitarbeit in einem Versicherungskonzern oder bei einem Reise-Multi.

Hier einen Weg zu finden, ist zweifelsohne nicht leicht und kaum allein im stillen Kämmerlein zu bewältigen. Es bedarf vielfacher Unterstützung und des kommunikativen Austausches mit Mitbetroffenen und kompetenten Beratern (s. Hinweis am Buchende).

Weiterführende Wege können aber auch ein Aufbau- oder Zweitstudium sein, ebenso wie eine andere, aber erststudienbezogene Berufsausbildung (z.B. eine Therapie- oder Erzieherausbildung als Soziologe).

Selbst der Weg zur Promotion oder publizistische Aktivitäten (z.B. auf der Basis der Diplomarbeit) können neue Perspektiven eröffnen, ebenso wie zunächst ehrenamtliche Engagements, Volontariate, Praktika und/oder Hospitationen.

Über diese kurz skizzierten Anregungen hinaus weiter detailliert auf die Problematik einzugehen, würde den hier gesetzten Rahmen sprengen. Aber aus unserer Erfahrung als Berufsstrategie-Berater wissen wir, daß sich für jeden einzelnen wirklich interessante Alternativen entwickeln lassen.

MERKSÄTZE

Die häufigsten Fehler und wie Sie diese vermeiden

Ein Kardinalfehler von Hochschulabsolventen ist die unzureichende Vorbereitung auf die Bewerbungssituation.

Die Bewerbung beginnt spätestens mitten im Studium. Überlegen Sie rechtzeitig, welche Weichen Sie wie stellen wollen.

Die innere Vorbereitung – die richtige Einstellung zur Einstellung – ist ein entscheidender Faktor.

Es ist nicht leicht, aber verdammt wichtig, herauszufinden, wer man ist, was man kann und was man will.

Recherchieren geht vor probieren.

Arbeitsplatzsuche ist Schwerstarbeit.

Ein Bewerbungsanschreiben ist mindestens ein Tageswerk; ein Lebenslauf nicht weniger. Die Vorbereitung auf ein Vorstellungsgespräch braucht Tage, wenn nicht Wochen.

Form- und Inhaltsfehler im Bewerbungsanschreiben sind meistens der Grund, warum Bewerber nicht zum Vorstellungsgespräch eingeladen werden, nicht etwa ihre mangelnde Eignung. Ganz besonders in diesen Zeiten kommt es auf die Verpackung, auf die gelungene Präsentation an.

Selbstdarstellung will geübt sein. Auch ein Schauspieler muß seine Rolle einstudieren, muß sich vorbereiten, üben.

Die Fragen des Vorstellungsgespräches stehen vorher bereits fest. Überlegen Sie sich vorab Ihre Antworten und die Tendenz Ihrer Präsentation.

Bereiten Sie sich gezielt auf Ihr Gegenüber vor (Person, Institution, Aufgabe).

Als Bewerber sollten Sie wissen, was und wie Sie etwas sagen wollen. Insbesondere aber muß Ihnen klar sein, was Sie nicht sagen wollen und wie Sie mit Worten schweigen.

Es geht im Vorstellungsgespräch primär um Sympathie, Leistungsmotivation und Kompetenz. Sympathie müssen Sie gewinnen, Leistungsmotivation und Kompetenz wird Ihnen attribuiert.

Verdeutlichen Sie sich: Sie bestimmen den Vorstellungsgesprächsverlauf weitestgehend mit.

Angemessene, selbstbewußte Bescheidenheit und höfliche Konzentration kennzeichnen einen erfolgreichen Bewerber.

Das per Grundgesetz geschützte Persönlichkeitsrecht setzt dem Fragerecht des Arbeitgebers Grenzen. Wo er es überschreitet, dürfen Sie ungestraft lügen.

Es gibt keine unangenehmen Fragen im Vorstellungsgespräch, wenn Sie die richtige Einstellung haben, gut vorbereitet sind und somit angemessen antworten können.

Was immer man gegen Sie einwendet, es kommt darauf an, wie Sie damit umgehen.

Sprechen Sie nie negativ über ehemalige (Hochschul-)Lehrer, Kommilitonen, Vorgesetzte oder Arbeitsplatzbedingungen.

Ausdauer, Geduld und Gelassenheit sind die wichtigsten Eigenschaften im Bewerbungsmarathon.

Bedenken Sie: Wir sind nicht auf der Welt, um so zu sein, wie andere uns haben wollen.

- *Frau Voss, erinnern Sie sich noch an die kleine rote Bibel? Da habe ich mal das wunderschöne Mao-Wort ›Handeln heißt lernen‹ gelesen.*
- *Das haben Sie sehr schön gesagt, Herr Mühsam.*
- *Ich weiß, wie sehr Sie meine Zitate schätzen. Ich darf wohl auch bei den Lesern voraussetzen, daß Ihnen das folgende Wort von John Stuart Mill noch nicht bekannt ist: Wer immer in einem überfüllten Beruf oder bei einem Wettbewerb Erfolg hat, wer immer in seiner Bewerbung um eine auch von anderen gewünschte Sache den Vor-*

zug vor diesen erhält, zieht Vorteil aus dem Verluste andrer, aus ihren vergeblichen Bemühungen, aus ihren enttäuschten Erwartungen.

- *In diesem wunderschönen Zitat liegt Ernst und Trost zugleich, Herr Mühsam. Wer war denn dieser Mill?*
- *John Stuart Mill, Frau Voss. Ein englischer Philosoph und Volkswirt, 1806-1873, der als Vertreter eines an die klassische Wirtschaftstheorie anknüpfenden liberalen Sozialismus gilt, bei dem die freie Entfaltung der Wirtschaft nach den Produktionsgesetzen mit der Möglichkeit staatlicher Eingriffe verbunden wird.*
- *Ach ja . . .*

– Dürfen wir jetzt wieder, Frau Voss, Herr Mühsam?

Sollte es (wider Erwarten) mit Ihrer Bewerbung nicht geklappt haben, kommt es auf die Analyse der Situation an. Was können Sie daraus lernen, was gilt es zu verbessern?

Versuchen Sie sich gerade jetzt als Gewinner zu betrachten: Sie haben nicht gekniffen, sondern sich der Situation gestellt; Sie haben Erfahrungen gesammelt, die Sie nutzen werden; wer weiß, was Ihnen bei *dem* Arbeitgeber erspart geblieben ist. Denken Sie besser nicht oder vielleicht doch so wie Woody Allen, der in einer ähnlichen Situation nach einer Absage mal gesagt hat: Ich möchte gar nicht in einer Firma arbeiten, die Leute wie mich einstellt.

PREISVERLEIHUNG

Verleihung der Goldenen Daumenschrauben

Kennen Sie das alte Folterinstrument, die Daumenschrauben?

Es ist an der Zeit, einen Negativ-Preis auszusetzen, der künftig jährlich verliehen werden soll. Dieser Preis ist für Firmen oder Institutionen bestimmt, die sich durch besonders groben und inhumanen Umgang mit Bewerbern auszeichnen, indem sie ihnen in der schwierigen Situation der Arbeitsplatzsuche mit dem Gemüt eines Folterknechtes gegenübertreten und auf subtile Weise die Daumenschrauben anlegen.

So wie Personalchefs Arbeitsplätze vergeben, haben jetzt Bewerber die Möglichkeit, bei der Vergabe der GOLDENEN DAUMENSCHRAUBEN mitzumachen (zweckdienliche Hinweise nimmt jeder Briefkasten entgegen).

Wir bitten Sie, uns Berichte von Bewerbungssituationen und Vorstellungsgesprächen zuzuschicken, in denen Ihnen oder anderen als Bewerber übel mitgespielt wurde. Auf diese Weise werden Preisanwärter ausfindig gemacht. *(Adresse siehe vorn im Buch).* Ihre Berichte und Vorschläge behandeln wir natürlich mit absoluter Diskretion.

Diese Preisverleihung ist Ausdruck unseres Bemühens, eine breitere Öffentlichkeit auf teilweise höchst fragwürdige, manchmal wirklich inhumane Praktiken im Umgang mit Bewerbern aufmerksam zu machen.

Die positiven Ansätze von einigen Arbeitgebern, sich um einen sensibleren Umgang mit den Bewerbern zu bemühen – einer Personengruppe, die keine Lobby hat – sollen durch diese jährliche Preisverleihung weiter gefördert werden.

Denn: Wir haben mit Freude festgestellt, daß seit Beginn unserer Veröffentlichungen zu diesem Thema ein Prozeß des Umdenkens und der etwas kritischeren Reflektion bei Arbeitsplatzvergebern und Personalabteilungen ansatzweise spürbar geworden ist. Trotzdem bleibt noch viel zu wünschen übrig.

Ignoranten, unsensiblen Firmen sowie Institutionen auf dem Gebiet der Personalauswahl soll durch die Preisverleihung und die damit verbundene Resonanz in der Öffentlichkeit ein Nachdenken über den Umgang mit dem Mitmenschen in einer existentiellen Situation ermöglicht werden.

Liebe Leser: Leider können wir an dieser Stelle nicht sagen, daß wir uns über Ihre Zuschriften und Vorschläge zur Preisverleihung freuen, da wir annehmen müssen, daß Anlaß und Inhalt der Bewerbungsberichte stets unerfreulich sind. Wir erwarten aber Ihre Briefe dennoch mit Spannung und freuen uns auch über jede Anregung in diesem Zusammenhang.

LITERATURHINWEISE

Zum Thema Bewerbung ist mittlerweile viel geschrieben worden. Papier ist geduldig und viele »Werke« sind Ihr Geld nicht wert.

Wir haben über 200 Bewerbungsratgeberbücher getestet und können Ihnen hier nur raten, sich unnötige Mühen und Kosten zu ersparen. Mit gutem Gewissen können wir empfehlen:

J. Hesse/H. C. Schrader
Das neue Test-Trainings-Programm
Frankfurt a.M. (Eichborn) 1991.

J. Hesse/H. C. Schrader
1001 Bewerbung
München (Goldmann Taschenbuch) 1991

H. Mell
Bewerbung auf dem Prüfstand.
Stuttgart (Schäffer) 1988

S. v. Paczensky
Der Testknacker. Wie man Karrieretests erfolgreich besteht
Reinbek b. Hamburg 1976 (rororo 6949)

P. Bellgardt
Rechtsprobleme des Bewerbergesprächs.
Heidelberg (Sauer) 1984

E. Stevens-Bartol
Bewerbung, Einstellung, Vertragsschluß
München (Beck-Rechtsberater/dtv 5273) 1990

Berichte über Bewerbungen und Auswahlverfahren, Anregungen und Hinweise sind uns herzlich willkommen.

Sollten Sie uns schreiben, weil Sie spezielle Fragen zur Bewerbungssituation haben, sind wir bemüht, Ihnen weiterzuhelfen. Wir bitten Sie, uns durch einen adressierten und frankierten Rückumschlag zu unterstützen.

Unsere Anschrift:
Jürgen Hesse/Hans Christian Schrader
c/o Eichborn Verlag
Kaiserstr. 66
6000 Frankfurt a.M. 1

oder direkt an
Hesse/Schrader
Handjerystr. 17
1000 Berlin 41
Tel. 030-401 18 27

- *Auch wir, Frau Voss und ich, möchten uns von Ihnen verabschieden und sagen, daß wir uns über Zuschriften freuen.*
- *Ach, das wäre schön, von Ihnen etwas zu hören ...*
- *Auf ein allerletztes: Ich möchte Ihnen noch ein Wort des Berliner Regierenden Bürgermeisters Eberhard Diepgen mit auf den Weg geben: Ärmel hoch, Gürtel enger schnallen und Konzentration auf das Wesentliche – dann ist es zu schaffen.*

– Vielen Dank, das reicht jetzt aber, Herr Mühsam, Frau Voss.

Da fällt uns noch ein: Frau Voss legt auf die Feststellung wert, daß sie ihres Wissens nach nicht mit dem mecklenburgischen Schriftsteller und Homer-Übersetzer Johann Heinrich Voß (1751–1826), Rationalist und Realist, verwandt ist. Sie liebe Leser, haben das sicherlich schon an der Schreibweise gemerkt.

Und Herr Mühsam hat uns gebeten, unmißverständlich darauf hinzuweisen, daß er mit dem Schriftsteller Erich Mühsam (1878–1934) nicht zu verwechseln ist. Sein Name ist ja auch Gottlieb Mühsam.

- *Ja, das stimmt.*

STICHWORTVERZEICHNIS